Bernd Harder

Nostradamus

W0176452

Bernd Harder

Nostradamus

Ein Mythos wird entschlüsselt

Alibri Verlag
Aschaffenburg

2000

Deutsche Bibliothek - CIP-Einheitsaufnahme

Harder, Bernd: Nostradamus : ein Mythos wird entschlüsselt /
Bernd Harder. – 1. Aufl.. – Aschaffenburg : Alibri-Verl.,
, 2000
ISBN 3-932710-23-1

Alibri Verlag
Aschaffenburg
Mitglied in der Assoziation Linker Verlage (*aLiVe*)

1. Auflage 2000

Copyright 2000 by Alibri Verlag, Postfach 100 361, 63703 Aschaffenburg

Umschlaggestaltung: KomistA, Sternstr. 35, 63450 Hanau
Druck und Verarbeitung: Rosch Buch, Scheßlitz

ISBN 3-932710-23-1

Inhaltsverzeichnis

Kapitel 1
Schreckensjahr 1999: Hurra, wir leben noch!..................... 7

Kapitel 2
Vom Pestarzt zur Pop-Ikone 13

Kapitel 3
Beim Barte des Profites: Die Deuter 32

Kapitel 4
Die Quartains: Die Zukunft liegt in der Gegenwart 54

Kapitel 5
Nostradamus: ein „Jules Verne der Renaissance" 97

Kapitel 6
Anschwellender Schwanengesang: Wahrsager als Versager 106

Kurz-Biografie 139

Kleine (unvollständige) Chronik der Weltuntergänge 142

Literatur 147

Kapitel 1
Schreckensjahr 1999: Hurra, wir leben noch!

Es geschah am helllichten Tag: Dunkelheit über Deutschland! Fast schlagartig lassen die sommerlichen Temperaturen nach. Es wird merklich kühl. Das Firmament verblasst und nimmt eine merkwürdig grünliche Färbung an. Am verdunkelten Himmel blinken plötzlich Sterne auf. Finsternis senkt sich über die Erde. Die Vögel verstummen, Blüten schließen sich, Hunde fangen ängstlich an zu bellen...

„Doch statt zu ihrem Schöpfer beamte sich die Menschheit in spezialbebrillte Euphorie, als das letzte Sonnenrändchen glücklich verdeckt war", schildert das Magazin *News* später die totale Sonnenfinsternis vom 11. August 1999. In Betrieben ruht die Arbeit, Sektkorken knallen, Riesenstaus auf den Autobahnen. Alle starren gen Himmel. „Schnappte einer nach Luft", so *News* weiter, „war dafür nicht die Staubfontäne des mittelalterlichen Kaffeesud-Experten Nostradamus, sondern bloßes Staunen verantwortlich. Zwei Minuten nach der Verfinsterung war es dann Faktum: Wir leben noch."

In Paris eilen einige Zeitgenossen zum Laden des bekannten Modedesigners Paco Rabanne und kredenzen sich gegenseitig einen „Aperitif der Überlebenden". Doch der Luxus-Schneider feiert nicht mit, sondern lässt die Boutique umgehend schließen – und taucht ab. Seine Pressesprecherin Caroline Bonnard erklärt: „Mr. Rabanne hat sich bis auf weiteres beurlaubt. Keiner von uns weiß, wo er verweilt und wann er zurückkehren wird." Die Boulevardpresse lästert: „Vielleicht wird man ja in der Cheops-Pyramide fündig." Über Europa lachte längst wieder die Sonne. Über Paco Rabanne die ganze Welt.

Mit Ausnahme vielleicht der Verwaltungsbehörden im französischen Departement Gers. Diese grollten dem Schöpfer des avantgardistischen Metallic-Looks schon seit Wochen und hatten ihn sogar verklagt – wegen Image-Schädigung. Der Grund: Rabanne hatte vorhergesagt, am

11. August, dem „Tag der schwarzen Sonne", werde die im Orbit kreisende Raumstation MIR auf Paris stürzen. Schutt und Asche – mehr werde von Eiffelturm, Louvre und Notre Dame nicht übrig bleiben. Und da der marode Stolz der russischen Raumfahrt nur flickenhaft zusammengeschweißt sei, bekomme im Anflug auch das liebliche Südwestfrankreich schon mal ein paar Trümmerteile ab. Gers liege mithin direkt in der von Rabanne berechneten Streu-Schneise. In makabrer PR-Gag des Meisters? Mitnichten. Dem „spinnerten Schneiderlein" (*Stern*) war es todernst. Um genügend Zeit zur Flucht zu haben, verlegte er seine '99er Haute-Couture-Schau auf den 27. Juli vor. „Flieht, ich beschwöre Euch, flieht!" bedrängte der 65-jährige in Talkshows und Interviews die Pariser. Denn schließlich wollte er die drohende Katastrophe von niemand Geringerem als von seinem berühmten Landsmann Michel de Notredame erfahren haben. Der Gelehrte aus der frühen Neuzeit spreche in seiner berühmten Vers-Sammlung („Centurien") von einer rätselhaften „onde mur", die auf die Festung „Nicene" sowie auf „Pferde, Rinder und Menschen" niedergehen werde. Jahrelang wühlte Rabanne im Barte des Propheten, mit Hingabe, Bildung und Phantasie. Schließlich weilt der Esoterik-Fan nach eigenem Bekunden schon seit rund 78.000 Jahren auf Erden und hat sich dabei unter anderem als Mörder des Pharaos Tut-Ench-Amun und als Edel-Prostituierte am Hofe des Sonnenkönigs verdingt. Vor allem in letztgenannter Profession drang er anscheinend tief in die Annalen der Geistesgeschichte ein. Und so drehte Rabanne anno 1999, in seiner Wiederverkörperung als Couturier, einfach das u in *mur* auf den Kopf, was *mnr* ergibt und kyrillisch *mir* gelesen wird. Genauso souverän machte er den Einschlagsort des wildgewordenen Vehikels aus: Nostradamus' Festung Nicene sei Schloss Versailles im Osten der französischen Hauptstadt. So steht es in seinem Buch *Le Feu du Ciel* („Himmelsfeuer"), das er für 100 Francs unter das unwissende Volk wirft. Und wenn er sich irre? Dann, kündigte der bärtige Fern-Seher mit dem stechenden Blick an, „werde ich keine Zeile mehr schreiben. Nie mehr." Doch auch mit dieser Ankündigung lag Rabanne daneben: Fünf Wochen nach der SoFi entschuldigte sich der Mystery-Man der Mode-Branche in einem TV-Interview öffentlich für seinen „kapitalen Fehler" und „riesigen Bock" – und orakelte sogleich, dass der französische Premierminister Lionel Jospin niemals zum Präsidenten gewählt und dass die Welt doch von der MIR zerstört werde. Eines Tages.

In Deutschland stieg nicht nur die *Münchner Abendzeitung* voll auf das lyrische Vexier-Spiel um die kryptischen Nostradamus-Verse ein: „Auf diesen Augenblick hat die Menschheit schon 450 Jahre gewartet", frohlockte das Blatt am 23. Juli. „Wir sind diejenigen, die bald erfahren werden, ob Michel de Notredame, Nostradamus genannt, der berühmte französische Prophet und Mediziner, ein glatter Lügner war." Falls er jedoch wahr gesagt habe, erwarte uns Schlimmes. Denn: „Der Juli im Jahr 1999 ist gekommen, jener bedrohliche Termin kurz vor der Jahrtausendwende, über den der Seher in seinem prophetischen Werk 'Centurien' einst ausführlich berichtete."

„Ausführlich" mag man den rostigen Vierzeiler aus dem Jahr 1555 nun nicht gerade nennen. Tatsache bleibt indes, dass die Jahreszahl 1999 von Nostradamus genannt wird – als eine der ganz wenigen konkreten Zeitangaben in seinem ansonsten eher verschwommenen Werk. Im Vers 72 der X. Centurie heißt es: „Im Jahr neunzehnhundertneunundneunzig, im siebten Monat, wird ein großer Schreckenskönig vom Himmel herabsteigen, wird wieder auferstehen der große König von Angolmois. Mars regiert vorher und nachher durch Glück."

Worte, die nach Katastrophe klingen. Auch für den Ex-Schlagerstar Juliane Werding. „Es gibt düstere Prophezeiungen von Nostradamus", erklärte sie einer *Frau im Spiegel*-Reporterin die Entstehungsgeschichte ihres Liedes „Armageddon". „Astrologen sehen eine sehr ungünstige kosmische Konstellation voraus. Am 11. August gibt es eine totale Sonnenfinsternis. Die Vorhersage geht dahin, dass riesige Flutwellen große Küstenbereiche Europas zerstören werden. Drei Tage sollen wir weltweit Stromausfall haben. Das alles beunruhigt mich sehr." So sehr, dass sich die „Conny Kramer"-Interpretin mit Dosennahrung, Campingkocher und Vitamintabletten eindeckte. Vorsichtshalber. „Ich möchte im Fall des Falles einfach auf der sicheren Seite sein."

So wie Elizabeth Teissier. In der Talksendung *Fliege* riet die bekannte Medienastrologin forsch allen Zuschauern, zur Sonnenfinsternis das Land zu verlassen. Denn aufgrund mehrerer Hinweise im Werk des Propheten seien sich fast alle Nostradamus-Experten einig, dass es sich durch die zeitliche Verschiebung des damals gültigen julianischen Kalenders beim „siebten Monat" nach heutiger Zeitrechnung um den August handele. Schwieriger, so die Orakel-Tante weiter, werde es schon in der zweiten Zeile des Nostradamus-Verses. Denn niemand könne wissen, was er mit dem Schreckenskönig, der vom Himmel herabsteigt, meinte. Um ein fast unfehlbar breites Spektrum von Vermutungen war sie allerdings nicht verlegen: „Handelt es sich um eine Bombe? Oder müssen wir mit einer gigantischen chemischen oder sogar atomaren Umweltkatastrophe rechnen? Könnte ein Meteor die Erde treffen? Bekommen wir einen offiziellen Besuch von Ufos, die vor laufenden Kameras irgendwo auf der Erde landen?"

Schließlich legte sich Elizabeth Teissier auf folgendes Szenario fest: „Im Oktober 1997 wurde mit der Trägerrakete Titan eine Raumsonde namens Cassini ins All geschossen. Diese Sonde, mit einer großen Menge Plutonium an Bord, gibt mir Anlass zur Sorge, da sie eine der größten Umweltkatastrophen auslösen könnte, wenn sie ausgerechnet im August 1999 in Erdnähe kommt. Bereits eine kleine Panne könnte einen Super-Gau in unserer Atmosphäre auslösen." All oder nichts: „Wenn bis Mitte August 1999 nicht was Außergewöhnliches passiert, hänge ich meinen Beruf an den Nagel", versprach sie. Als das NASA-Vehikel trotz Finsternis sich nicht von seinem Forschungsflug zum Saturn abbringen lassen wollte, emigrierte die Teissier kurzzeitig zu Freunden nach Tunesien. Viel cleverer zog sich dagegen der Ende September 1999 erschienene „Nostradamus-Kalender 2000" aus der Affäre: „Der große Schreckenskönig ist ein Rätsel, das viele Fragen aufwarf", heißt es dort. „Umschreibt Nostradamus damit einfach nur die bemerkenswerte Sternenkonstellation, welche just zu jenem Zeitpunkt am Himmel herrschte? Inwieweit die ganz besondere Sternenkonstellation vom 11. August 1999 unser Leben beeinflusst hat, mag im Nachhinein jeder für sich selbst beantworten."

„Und dies geheimnisvolle Buch, von Nostradamus eigner Hand, ist dir es nicht Geleit genug?" lässt Goethe seinen „Faust" ausrufen. Anscheinend nicht. „Bei der vergleichenden Lektüre der zahlreichen Interpretationen, vergessener und gängiger, erschließt sich dem Leser ein bunter und verwilderter Gedankenpark von überraschend hohem Unterhaltungswert", merkt eine *Kulturgeschichte der Missverständnisse* an. „Was der eine Exeget als Beschreibung der Kriegspolitik Ludwigs XIV. deutet, liest der nächste als Vorhersage der Ermordung Mussolinis, und der dritte erkennt im selben Vers eine Prophezeiung für die ferne Zukunft." Tatsächlich geht es in den *Centurien* um wenig mehr als um Raubvögel, die zum Fenster hinausfliegen, um Feuer, Blut und Schreie, um Unternehmungen, aus welchen große Verwirrung resultiert, um sterbende Könige, fallende Festungen und göttliches Missgeschick. Oder scheinen darin Hitler, Stalin, Napoleon, die Tschernobyl-Katastrophe, die beiden Weltkriege, die Mondlandung, das Kennedy-Attentat sowie alle anderen Großereignisse der Weltgeschichte auf? „Verklausuliert und dunkel ist zumeist der Sinn oder aber sowieso abwesend, ohne dass er sich erst verflüchtigen musste", handeln die Autoren auch die Prophezeiungen des Nostradamus als klassisches Missverständnis ab.

Noch weiter gar geht das *Neue Lexikon der populären Irrtümer*: Der französische Literat und Mediziner Michel Nostradamus sei „als Hobby-Komiker" begabter gewesen als in seinem Brotberuf als Arzt, heißt es dort. „Sein Rezept war einfach: Man verfasse tausend Kurzgedichte der Art

Früher oder später wird großes Unheil über –
(undeutlich schreiben) kommen;
es wird regnen Hunde und Katzen,
die (undeutlich schreiben) werden fressen ihre Kinder,
und der große Fürst des Morgenlandes, usw."

Auf diese Weise habe Nostradamus die Atombombe, das Space-Shuttle-Desaster, die Berliner Mauer, die Scheidung von Prince Charles und Lady Di und natürlich auch den Unfalltod der Prinzessin vorhergesehen.

„Eine solche Wertung wird weder dem Mann noch dem Werk gerecht. Denn kaum jemals hat es in der Geschichte einen Mann von seiner Bedeutung gegeben, der seinen Standpunkt und seine Meinung eindeutiger verkündet hätte!" streitet der deutsche Nostradamus-Autor Eberhard Fuchs wacker für sein Idol – und muss nur wenige Seiten weiter selbst einräumen, dass dieser es fertiggebracht habe, „Ereignisse und Personen so zu schildern, dass sie ungefähr auch auf andere Ereignisse und Personen zutreffen könnten." Fuchs' junge Kollegen Wolfram Eilenberger und Viktor Schubert vergleichen die Deutung der Nostradamus-Verse mit einer „Gedichtinterpretation"; der Franzose Max de Fontbrune gesteht ein, dass man sich den *Centurien* nur „durch Ideenassoziation" nähern könne. Also doch bloß Irrtümer und Missverständnisse ohne Ende?

Nein, sondern eher ein Drama. Denn: Jahrhundertelang versuchten die zahllosen Nostradamisten einen visionären Text, dessen wahren Zwecke man nicht kennt, in prophetischem Sinn zu lesen. Die extravagantesten Deutungen haben den größten Erfolg: „Ab 1995: Boris Becker aus Deutschland – eine Rolle in einem guten Film über die Berliner Mauer, da Tennis nicht mehr interessiert. Ein falscher Schritt. Er zieht zurück", radebrecht etwa die Autorin V. J. Hewitt. Wenn aber ein Text so dunkel ist, dass man ihn 500 Jahre nach seiner Entstehung immer noch nicht versteht, stellt sich die Frage nach seiner wirklichen Intention. Denn eine „Vorhersage" entspricht immer einer Absicht, einem Wunsch oder einer Befürchtung. Sie bringt einen historischen Kontext und eine Geisteshaltung zum Ausdruck. „Die Vorhersage klärt uns nicht über die Zukunft auf, sondern spiegelt die Gegenwart wider", weiß der französische Historiker Georges Minois. „Denn noch nie hat jemand die Zukunft gekannt. Die Propheten, ob nun inspiriert oder nicht, ebensowenig wie die Orakel, die Sybillen, die Astrologen, die Kartenleger, die Science-fiction-Autoren, die Utopisten, die Philosophen oder die Futurologen."

Und der große Nostradamus? Besuchen wir also den Pestarzt, Astrologen und Propheten in seiner Zeit, im 16. Jahrhundert.

Kapitel 2
Vom Pestarzt zur Pop-Ikone

Es ist ein Sommerabend – so heiß, dass selbst die Zikaden keinen Schlaf finden und die Sterne vor Hitze flackern. In Nostradamus' Garten in Salon plätschert ein Springbrunnen im dunklen Schatten der Bäume. Die Fensterläden der Schlafzimmer sind geöffnet, um eine nächtliche Brise einzulassen, wenn sie sich denn einstellen sollte. Doch oben im Haus sind die Fensterläden fest verriegelt, und durch die Ritzen ist der flackernde Schein einer Kerze zu sehen. Der alte Prophet beschwört wieder einmal die Geister der Zukunft. Unter seiner Robe aus Leinen trägt der alte Zauberer nur sein Unterhemd, und dennoch rinnt ihm der Schweiß über den Körper. Den Doktorhut hat er nicht abgelegt, auch nicht seinen Ring mit den sieben mystischen Symbolen und die Medaille am Band, die er von der Königin von Frankreich für seine außerordentlichen Verdienste erhalten hat. „O Geist, zeige mir eine Vision von den Wundern der fernen Zukunft", skandiert Nostradamus, während er mit einem Lorbeer-Stab das Wasser in der Wahrsageschale aus Messing umrührt. Als sich die farblose Flüssigkeit beruhigt, starrt er lange hinein. Seine Hand zittert, als er, ohne den Blick von der spiegelglatten Wasseroberfläche abzuwenden, kurze Sätze mit dem Federkiel auf einen Bogen Papier kratzt. (Merkle-Riley, 1999)

So oder so ähnlich könnte es sich wohl zugetragen haben, als Michel Nostradamus um 1555 seine Weissagungen niederlegte. „Des Nachts sitze ich über geheimen Studien, allein bin ich und sitze auf ehernem Stuhl: Eine Flamme steigt empor, sie kommt aus der Einsamkeit, sie bringt ans Licht, woran man nicht vergeblich glaubt", beschreibt der Arzt, Prophet und Astronom selbst seine Methode im Vers 1 der I. Centurie. Der „eherne Stuhl" dürfte ein Dreifuß aus Bronze oder Messing gleich dem Orakel zu Delphi gewesen sein. Auf zeitgenössischen Darstellungen ist Nostradamus im Stil der fahrenden Scholaren gekleidet, in schwarzer oder roter Robe mit einem Barett auf dem Kopf. In dieser Aufmachung hat er große Ähnlichkeit mit dem Bild, das man sich gemeinhin von Dr. Faustus macht.

Tatsächlich „war er ein wenig kleiner als der Durchschnitt", beginnt sein Biograf Jean-Aimé de Chavigny die Beschreibung des hochverehrten Meisters – und das dürfte im 16. Jahrhundert eine Körpergröße von höchstens etwa einem Meter sechzig bedeutet haben. „Sein Körper war von robuster Gestalt, er war flink und energisch. Er hatte eine große und freie Stirn, eine gerade und flache Nase, graue Augen, die gewöhnlich freundlich blickten, aber funkelten, wenn er wütend war. Sein Gesicht hatte beides: Ernst und Lächeln, so dass durch seinen Ernst hindurch eine große Humanität durchschien. Seine Wangen waren frisch gerötet, selbst in seinen alten Tagen, sein Bart war lang und dick, seine Gesundheit gut und kräftig, außer in seinem hohen Alter. Seine Sinne waren geschärft und vollständig. Sein Geist war gut und lebhaft, man verstand leicht, was er meinte und wollte. Sein Urteil war scharfsinnig, sein Erinnerungsvermögen bemerkenswert.

Von Natur aus war er eher schweigsam. Er dachte viel und sagte wenig, gleichwohl sprach er sehr gut am richtigen Ort zur richtigen Zeit. Im übrigen war er wachsam, spontan und impulsiv, neigte zu Jähzorn, war aber geduldig bei der Arbeit. Er schlief gewöhnlich nur vier oder fünf Stunden. Er pries und liebte die Freiheit der Rede und zeigte sich fröhlich und witzig in seinen Späßen, die aber auch bissig waren. Er glaubte an die Zeremonien der römisch-katholischen Kirche und hielt fest an seinem katholischen Glauben und an der Religion, außerhalb der es, wie er überzeugt war, kein Heil gab. Er rügte bitter alle diejenigen, die sich aus dem Schoß der Kirche zurückgezogen und damit sich selbst verlassen hatten, indem sie von der Süße und Freiheit fremder und verdammter Lehren kosteten, und bekräftigte, dass es mit ihnen ein übles Ende nehmen würde. Ich will nicht vergesssen zu sagen, wie bereitwillig er fastete, betete, Almosen gab und immer Geduld aufbrachte." (zitiert nach Klein, 1999)

Ob Nostradamus auch mit dem Familienname „Gassonet" zu Weltruhm gelangt wäre? So nämlich hieß sein Großvater väterlicherseits. Besagter Vidono Gassonet war ein jüdischer Kaufmann und konvertierte vorausschauend schon in der zweiten Hälfte des 15. Jahrhunderts zum Katholizismus (1501 erließ Ludwig XII. dann ein strenges Edikt, das alle Juden zwang, sich binnen einer Dreimonats-Frist taufen zu lassen oder auszuwandern). Weil Vidono Gassonet vermutlich in der

Marienkirche „Notre-Dame-la-Principale" zu Avignon die Taufe emp-
fing, nannte er sich fortan Pierre Nostredame. Diese Schreibweise entspricht dem Provenzalischen; in heutigem Französisch würde es „Notredame" heißen. Pierres' Sohn Jaume ließ sich 1501 als Notar im süd-
französischen St. Rémy nieder. Dort kam am 14. Dezember 1503, zur
Mittagszeit, sein Erstgeborener Michel im Zeichen des Steinbocks zur
Welt.

Sein Horoskop war, nach Auslegung neuzeitlicher Astrologen, exakt
so, wie es sein späteres Leben erwarten ließ: Da ist eine „besondere
Konzentrationsfähigkeit" angezeigt, die durch „Systematik, Methodik,
Sachlichkeit und Nüchternheit wirkungsvoll ergänzt wird", will der
Astro-Computer des Münchner Telectron-Instituts im Auftrag des No-
stradamus-Autors Eberhard Fuchs herausgefunden haben. Allerdings sei
auch „eine gewisse schwerblütige, melancholische Grundstimmung"
diesem Charaktertyp eigen, „aus der sehr oft eine depressive und skepti-
sche Stimmungslage resultiert, die im Kommenden vorwiegend die
negative Seite sieht". Der Mond im Skorpion befähige wiederum „zur
Witterung hintergründiger Gefahren und Situationen, die normalerweise
nicht erfassbar sind", während der Aszendent im Widder für Tatendrang
und kühne Pläne stehe und die betreffende Person besonders zum
„Bahnbrecher und Vorkämpfer" prädestiniere. Natürlich kann Fuchs in
seinem Buch „nur das Wesentliche" aus den 31 Seiten angeben, die der
Computer ausspuckte. Und ebenso natürlich hat die Tatsache, dass
Fuchs zu diesem Zeitpunkt alle bekannten Einzelheiten aus dem Leben
des Michel Nostradamus bereits wußte, seine Selektion der Daten-
mengen in keinster Weise beeinflusst.

Der junge Michel neigt früh zum Einzelgänger. Zu seinen Eltern und
den 16 Geschwistern unterhält er keine sonderlich enge Bindung. Die
meiste Zeit soll er bei seinen beiden Großvätern verbracht haben, die
von den allermeisten Nostradamus-Autoren als „Ärzte, Berater des Pro-
vence-Grafen, jüdische Intellektuelle, angesehen und wohlhabend" beschrieben werden. Doch das ist größtenteils ein Familien-Mythos, den
Nostradamus' Bruder Jehan und später sein Sohn César stricken. In
Wahrheit verdingt sich Pierre de Notredame hauptsächlich als Getreide-
händler und Jean de Saint-Rémy als Stadtkämmerer und Steuereintrei-
ber. Letzterer, der Großvater mütterlicherseits, hat immerhin Medizin
studiert. Sie unterrichten ihren Enkel in Latein, Griechisch, Hebräisch,
Mathematik und Astrologie, bringen ihm medizinische, alchimistische
und numerologische Grundkenntnisse bei und führen ihn in die Mystik

des Judentums ein, etwa in die Kabbalistik. Alter Aberglaube vermischt
sich mit neuer Wissenschaft. Kaum drei Jahrzehnte zuvor hat Christoph
Columbus Amerika entdeckt. 1491 fertigt Martin Behaim in Nürnberg
den ersten Globus. Nikolaus Kopernikus (1473-1543) stellt die Sonne in
den Mittelpunkt des Planetensystems. Die Erfindung des Buchdrucks
löst das Gelehrsamkeits-Monopol der Klöster auf und macht Wissen
allgemein zugänglich. Das Bild der Menschen von der Erde beginnt sich
langsam zu wandeln. Das althergebrachte Schema Himmel-Erde-Hölle
ist mit der neuen Sichtweise der Welt zunehmend unvereinbar. Der
Blick weitet sich. Später, an der Universität, wird der Student Michel de
Notredame mutig die heraufdämmernde Erkenntnis vertreten, dass die
Erde eine Kugel und keine Scheibe sei. Allerdings geht aus den höchst
spärlich tröpfelnden, seriösen historischen Quellen nicht eindeutig hervor, wie lange Nostradamus bei welchem seiner Großväter wohnte, es ist
nicht einmal sicher, ob überhaupt beide bei der Geburt des kleinen
Michel noch am Leben waren. Sicher scheint nur, dass der junge Mann
mit 16 Jahren zu seiner Tante Margarete nach Avignon zieht.

Nach dem Willen der Eltern soll er Arzt werden. In Avignon studiert
„der kleine Sterngucker", wie ihn seine Mitschüler jetzt schon nennen,
die so genannten Sieben Freien Künste, also zunächst das Trivium mit
Grammatik, Rhetorik und Logik, die Voraussetzung für jede wissenschaftliche Betätigung. Dann absolviert er das Quadrivium mit Arith-
metik, Geometrie, Musik und Astronomie. Erst an der Universität von
Montpellier wird aus Michel Notredame „Nostradamus". Er latinisiert
seinen Namen, wie es unter Akademikern üblich ist. Die tiefere Bedeutung des Wortes („Wir geben das Unsere") ist wohl mit Absicht und
Bedacht gewählt. Immerhin ist Michel jetzt an der fortschrittlichsten
medizinischen Fakultät seiner Zeit eingeschrieben. Hier werden die
Studenten nicht nur in den Lehren der Antike unterwiesen; sie können
auch Neues erforschen – am toten Körper. Als einzige Universität in
Frankreich besitzt Montpellier das Recht, eine Leiche im Jahr zu öffnen,
und zwar die eines getöteten Ketzers. Anatomische Studien am Leich-
nam, das ist eine medizinische Sensation im 16. Jahrhundert. Die zeitgenössischen Lehrbücher berichten staunend in Wort und Bild darüber.
Und selbst an dieser Wiege der modernen Medizin schafft es Nostradamus, Aufsehen zu erregen. Im Studentenbuch ist er nachweislich verzeichnet. Aber irgendwann hat der Dekan seinen Namen wieder durch-
gestrichen. Er habe allzu eigenwillige Methoden verfolgt, lautet der
gekritzelte Vorwurf.

Meinte der Dekan vielleicht die Pestarznei des Nostradamus? 1525 bricht auch über Montpellier das Unheil herein: der schwarze Tod ist in der Stadt. Nostradamus unterbricht sein Studium, um sich als Scholar, als Heilgehilfe, der Seuche entgegenzustellen. Das fürchterliche Leiden der Sterbenden, die aufkommende Panik, den Zusammenbruch der öffentlichen Ordnung, den der Florentiner Giovanni Boccaccio in seinem *Decameron* beschreibt, erlebt jetzt Nostradamus hautnah mit. Er „wäscht, füttert, tränkt die Siechenden, wischt ihnen den Speichel von den Mündern und den Kot von den Schenkeln. Zusammen mit ihnen klammert er sich immer wieder an die Hoffnung – und sieht dann doch wieder die Pestbeulen reifen und quellen und aufplatzen, und mit den letzten stinkenden Schwären stirbt ihm wieder ein Mensch unter den hilflosen Händen. Unendlich viele waren es, jeden Tag, jede Nacht", schildert der Historiker und Autor Manfred Böckl aus der Phantasie Nostradamus' verzweifelten Kampf. Angesichts der Pest mit all ihren furchtbaren Begleiterscheinungen liegt sogar der Gedanke, das Ende der Zeiten sei gekommen, nahe. (Krüger, 1997) Als das Übel in Montpellier unvermittelt erlischt, reist der Medizinstudent der Epidemie hinterher. Nach Carcassone, Toulouse, Bordeaux und Avignon. Und er feiert geradezu legendäre Erfolge. Auch einem Bischof rettet er angeblich das Leben.

Heute kursiert im weltweiten Datennetz Internet das Rezept eines Münchner Apothekers und Homöopathen für ein „Lebenselexier nach Nostradamus". Dieser will das Original aus Zuckersirup, eingekocht mit Früchten, Pflanzen, Mineralien, Gold und Edelsteinpulver gemischt haben. Angeblich genügen „cirka zehn Tropfen, um die Lebenskraft innerhalb von Minuten auf volles Potential zu bringen", verheißt der heutige Anbieter. War das Nostradamus' Geheimnis? Tatsache ist, dass er sich trotz der unzähligen Krankenbesuche selbst nicht infizierte. Vielleicht hatte er frühzeitig eine „stille" Infektion durchgemacht. „Außerdem entwickelte Nostradamus als scharfer Beobachter seiner Umgebung ein hygienisches Maßnahmenbündel, wie es bei Infektionskrankheiten immer Wirkung zeigt", hat der Journalist Günther Klein für das ZDF-Magazin *Sphinx* recherchiert. In Avignon sitzt Nostradamus tagelang in der Bibliothek und studiert alte okkulte und pharmazeutische Schriften. Er beginnt mit Pflanzensäften zu experimentieren – und lässt schließlich tatsächlich Alchimie und Medizin, astrologische Berechnungen und botanische Erkenntnisse zu einer Pille gegen die Pest zusammenfließen. Hauptbestandteile sind säckeweise Rosenblüten und ein

Puder aus grünen Zypressen, Gewürznelken, Calamusöl und Aloe, das er mit den zerriebenen Rosen vermischt.

Anno 1999 lässt das ZDF die wachsweiche, karamellähnliche Pestpille des Nostradamus von einem Labor für Naturheilkunde in der Provence nachbrauen. Professor Elisabeth Carniel, Direktorin des *National Reference Center* der Weltgesundheitsbehörde am Pasteur-Institut zu Paris, wird um Begutachtung gebeten. „Vielleicht waren die Rosenblätter, die Nostradamus verwendet hat, ein wenig angeschimmelt", gibt die Pest-Expertin zu Protokoll. „Wir haben darüber keine Informationen, aber bei den damaligen bescheidenen Konservierungsmöglichkeiten kann man sich diese Möglichkeit durchaus vorstellen. Dann hätte Nostradamus, ohne es selbst zu wissen und ohne die Ursache zu begreifen, seinen Patienten vielleicht ein antibiotisch wirkendes Medikament verabreicht." Außerdem sollte die Pille nicht nur geschluckt, sondern offenbar stundenlang im Mund behalten werden – was wiederum den Pharmakologen Michel Coq von der Pariser Universität auf folgende Überlegung bringt: Der starke Geruch, den konzentrierte Rosenauszüge und vor allem Calamusöl abgeben, überdecke den Körpergeruch des Patienten. So werde Ungeziefer ferngehalten, auch der für die Pestübertragung verantwortliche Rattenfloh. Durch Ausschaltung dieses Zwischenwirts werde die Infektionskette durchbrochen und die Quelle für eine Neuansteckung ausgeschlossen. (Huf, 1999)

Wie dem auch sei: Nostradamus' Anweisungen, die Pesttoten außerhalb der Stadt zu verbrennen, Wasser abzukochen und reinigende Bäder zu bereiten, sind schon für sich genommen allemal erfolgreicher als der traditionelle Aderlass oder die Schröpfköpfe, mit denen seine Kollegen überwiegend zu Werke gehen. Mehr noch: Gerade der Verzicht auf den zweifelhaften Aderlass rettet nicht nur vielen seiner Patienten, sondern vielleicht auch ihm selbst das Leben, da er somit nicht mit infiziertem Blut in Kontakt kommt. Denn „ohne Zweifel hat gerade die Berührung der Bader, Ärzte und Helfer mit kontaminiertem Blut die Seuche verbreiten helfen. Zumal man das abgeschröpfte Krankenblut bedenkenlos in die Gosse oder in stehende Gewässer entsorgte und den Schnepper nicht gründlich desinfizierte, sondern nach oberflächlicher Reinigung neu einsetzte", schreibt Frank Rainer Scheck in seiner sehr lesenswerten Nostradamus-Biografie. (Scheck, 1999)

Vier Jahre lang zieht Nostradamus durch das pestverheerte Frankreich – „beseelt von tiefer Menschlichkeit und warmem Mitgefühl für alle Kreatur" (Fuchs, 1995), wie es sein späterer Mythos will. Allerdings entspringt die Motivation für seine „Pesttournee" durchaus nicht rein philanthropischer Gesinnung; Nostradamus besitzt zu diesem Zeitpunkt lediglich die Lizenz, als Arzt praktizieren zu dürfen. Das unterscheidet ihn kaum von einem Bader, einem heutigen Sanitäter. Vom Doktortitel und dem viereckigen Doktorhut trennt ihn noch die Abschlussprüfung, der wiederum die Gepflogenheiten der medizinischen Ausbildung jener Zeit ein mehrjähriges Praktikum, oft verbunden mit Wanderschaft, voranstellen.

1529 kann Nostradamus allen Anfeindungen der etablierten Ärzteschaft zum Trotz in Montpellier endlich zum Doktor der Medizin promovieren. Der wissenschaftliche Ritterschlag lässt nicht lange auf sich warten: Julius Cäsar Scalinger, neben Erasmus von Rotterdam der gebildetste Gelehrte seiner Zeit, ruft ihn 1534 nach Agen. „Scalinger scheint von Cicero die Beredsamkeit, von Virgil die Dichtkunst und von Galen [dem größten Vertreter der Medizin des klassischen Altertums; Anm. des Autors] den medizinischen Fachverstand geerbt zu haben. Ich schulde ihm mehr als jedem anderen Menschen auf der Welt", wird sich Nostradamus noch 1552 vor dem Universalgenie verbeugen – zu einem Zeitpunkt also, da sich beide längst überworfen haben und Scalinger von Nostradamus nur noch als dem „schlimmen Scharlatan" spricht.

1534 hingegen leben und arbeiten der 50 Jahre alte Meister und sein Adlatus in bestem Einvernehmen zusammen. Nostradamus richtet in Agen eine lukrative Praxis ein und heiratet ein 14-jähriges Mädchen, das ihn zum Vater einer Tochter und eines Sohnes macht. Nostradamus treibt durch ein Leben, das in einen sicheren Hafen eingemündet zu sein scheint. Doch dann schlagen die Wogen des Schicksals um so heftiger über dem erfolgreichen Arzt zusammen. Eine neue Seuche, Diphtherie oder der besonders tückische Peststamm „le charbon", hält reiche Ernte in der Bevölkerung. Und nicht nur dort.

An einem feuchtwindigen Tag dann, an dem selbst das Baumlaub in einem jähen Umschlagen vom Leben zum Tod faulig geworden schien, kehrte Nostradamus mit dröhnendem Schädel und völlig erschöpft nach vierzehnstündiger Sisyphosarbeit in sein Haus zurück – und gewahrte, kaum dass er über die Schwelle getreten war, den süßlich-modrigen Geruch. Der selbe Geruch war es, den er anderswo schon hundertmal hatte ertragen müssen. Stets ging er mit der mörderischen Seuche einher, die den Rachen und das hilflose Fleisch ihrer Opfer bei lebendigem Leibe verrotten ließ. Ein Schrei drang aus Michels Kehle; gleich darauf hielt er seinen Sohn in den Armen, und tief hinten im Gaumen des Kindes sah er das Pelzige wuchern. (Böckl, 1999) Frau und Kinder sterben Nostradamus gleichsam unter den Händen weg. Die Familie seiner jungen Braut fordert die Mitgift zurück. Seine Patienten bleiben weg. Die Inquisition wird auf ihn aufmerksam, weil er eine unüberlegt-abfällige Bemerkung über eine künstlerisch missglückte Mutter-Gottes-Statue fallen lässt. Oder handelt es sich in Wahrheit gar nicht um ein unglückliches Missverständnis? Sympathisiert Nostradamus doch mit den reformatorischen Lehren Luthers, Zwinglis und Calvins, die von Deutschland und der Schweiz aus die überspannten Herrschaftsansprüche der Päpste und kirchliche Missstände ins rhetorische Kreuzfeuer nehmen und die bereits 1539 in einem ersten Ketzeredikt als „teuflische Irrlehren" gegeißelt werden?

Durchaus denkbar: „1983 veröffentlichte der Schweizer Historiker Jean Dupèbe ein Konvolut von Briefen, die Nostradamus zwischen 1556 und 1565, also in seinen letzten Lebensjahren, in lateinischer Sprache schrieb und die bis dahin in den Tiefen der Pariser Bibliothèque Nationale schlummerten, darunter mehrere Schreiben an den deutschen Lutheraner Lorenz Tubbe. Aus ihnen geht hervor, dass Nostradamus den Gedanken der Reformation sehr viel weniger distanziert gegenüberstand, als seine öffentlichen Stellungnahmen gegen das 'Heidentum der neuen Ungläubigen' und seine Treuebekenntnisse, etwa zu Papst Pius IV., es vermuten ließen." (Scheck, 1999) Tief gläubig war Nostradamus gewiss, wenn auch vielleicht nicht unbedingt kirchlich. Wie dem auch sei: Das Zerwürfnis mit dem strengen Rationalisten Scalinger (möglicherweise ging es dabei um Nostradamus' übersteigertes Interesse für die Astrologie) gibt dem nunmehr 35-jährigen den Rest. Kurz entschlossen verlässt Nostradamus Agen de Provence. Man schreibt das Jahr 1538.

1562: In der Kathedrale der französischen Stadt Orange geschieht etwas Ungeheuerliches: Der wertvolle silberne Abendmahlskelch und die Leuchter werden gestohlen. Von den Tätern fehlt jede Spur. Der Bischof ist außer sich ob dieses Sakrilegs. Er setzt ein Schreiben an Michel Nostradamus auf, in dem er den Arzt und Astrologen um Hilfe in diesem komplizierten Kriminalfall ersucht. Dessen Antwort trifft prompt ein – in Form eines verrätselten und gänzlich unverständlichen Horoskops. In Nostradamus' Begleitbrief liest der Bischof: „Seien Sie unbesorgt, Sire, dass sich sämtliche gestohlenen Gegenstände bald wieder einfinden werden. Falls jedoch nicht, seien Sie versichert, dass ein äußerst unerfreuliches Schicksal auf die Schurken wartet. Die Diebe werden von großem Unglück heimgesucht werden und eines grausamen, peinvollen und gewaltsamen Todes sterben, und schließlich wird eine der furchtbarsten Pestepidemien über die ganze Stadt kommen – wenn nicht alles wieder zurückgebracht wird." Am Ende bittet Nostradamus den Kirchenfürsten, diesen Brief in Orange öffentlich auszuhängen.

Der Ausgang dieser Geschichte ist in den französischen Kirchenarchiven leider nicht überliefert. Die Stadt Orange jedenfalls wurde in der zweiten Hälfte des 16. Jahrhunderts von keiner wie auch immer gearteten Seuche befallen. Ob allein der sagenhafte Ruf des großen Michel Nostradamus tatsächlich ausreichte, um den dreisten Einbrechern Angst und Reue ins Gemüt zu senken? Andererseits findet sich auch in den Aufzeichnungen seiner Chronisten kein Hinweis auf einen Erfolg des Meisters in jener Angelegenheit. Wie auch immer: Der Mann aus St. Rémy befindet sich auf der Höhe seines Ruhmes. Und zwar nicht als Mediziner, sondern als Seher und Prophet. Wie das?

Nach seiner überstürzten Flucht aus Agen wandert Nostradamus wie ein Getriebener einige Jahre lang ziel- und ruhelos durch Frankreich, Italien und vielleicht auch Deutschland. In einem Kloster bei Augsburg soll er sich sechs Monate aufgehalten haben, um alte heilkundliche Handschriften der Mönche zu studieren. Überall, wohin ihn seine Füße tragen, tauscht er sich mit Apothekern, Ärzten und Heilkundigen aus.

„1538: Ich schreibe eine Übersetzung der Hieroglyphen", kann man heute auf einer Internet-Homepage nachlesen, die originellerweise Nostradamus' Biografie in der Ich-Form darbietet. Doch das ist schlicht falsch. Statt dessen strickt Nostradamus zu diesem Zeitpunkt anscheinend bewusst schon an seiner eigenen Legende. Zwar liegt in der Pariser Bibliothèque Nationale in der Tat das Original jener ominösen Nostradamus-Abhandlung über die Schrift der Pharaonenzeit; doch handelt es sich dabei lediglich um die Übersetzung und Neuordnung eines lateinischen Werkes namens „Hieroglyphica" aus dem 5. Jahrhundert n. Chr., das einem gewissen Horapollo zugeschrieben wird. Dass Nostradamus jemals Ägypten gesehen hat, ist eher unwahrscheinlich. Auch wenn eben dies von einigen Chronisten behauptet wird. Doch sein Mythos rankt nicht nur im fernen und also schützenden Schatten der Pyramiden.

Während der reisende Arzt zu Gast bei einem französischen Adligen namens Seigneur de Florinville war, kam auch die Rede auf Vorhersagen, Prophezeiungen und die Sehergabe des Nostradamus. Der Hausherr gab sich skeptisch und stellte seinen Gast auf die Probe: „Sagen Sie mir doch bitte das Geschick der beiden Spanferkel voraus, die Sie

hier draußen vor dem Fenster im Schlamm wühlen sehen", sagte der
noble Herr und lachte schallend.

„Ganz einfach, Euer Gnaden", erwiderte der Arzt. „Sie werden das
schwarzgefleckte Spanferkel verspeisen, während ein Wolf das weiße
verschlingen wird." Der Seigneur gab sofort Anweisung, das weiße
Spanferkel zu schlachten und ihm und seinen Gästen noch am selben
Abend zu servieren. So hoffte er seinen Gast widerlegen zu können. Der
Koch schlachtete das weiße Spanferkel. Aber in einem unbewachten
Augenblick schlich sich eine zahme Wölfin in die Küche und stahl das
Fleisch. In Panik schlachtete der Koch nun auch das schwarzgefleckte
Ferkel und servierte es zum Abendessen.

„Nun, mein werter Herr, Sie sehen, ich esse das weiße Ferkel", sagte
Monsieur de Florinville, der die wahren Zusammenhänge nicht kannte.
Nostradamus bestand jedoch darauf, dass der Koch gehört werde. Der
gestand dann zitternd und stammelnd die ganze Wahrheit. (Fuchs, 1995)

Der märchenhafte Impetus dieser Ankedote ist durchaus angebracht.
Denn eine ganz ähnliche Erzählung kursiert um den italienischen Seher
Gregorio Nuncio Adolfo Pallantrini. Nur geht es bei ihm um einen
schwarzen und einen weißen Hahn.

1546 ist Nostradamus wieder obenauf. Die Stadtväter von Aix-de-
Provence lassen in höchster Verzweiflung nach dem renommierten Pestarzt schicken. „Yersinia pestis" wütet, im Kielwasser einer Flutkata-
strophe. Nach 270 Tagen ebbt das Übel ab – um wenig später die Stadt
Salon zu verheeren. Wieder ist Nostradamus zur Stelle. Und wird endlich wieder sesshaft. Der Grund heißt Anne Ponsarde, eine ebenso
schöne wie wohlhabende junge Witwe. Am 26. November 1547 heiratet
das Paar. Nostradamus kauft ein kleines, aber immerhin vierstöckiges
Haus am Place de la Poisonnerie. Heute heißt die Straße „Rue de
Nostradamus". Und der große Seher blickt seltsam müde auf die restau-
rierte Fassade des Hauses mit der Nummer 11 – von einem pompös-
stilunsicheren Wandporträt auf einem gegenüberliegenden Neubau.
Gleich daneben steht der Souvenirshop.

Die Barmherzigkeit gegenüber den Siechen, die Liebe zu seiner
Frau, der bronzene Stuhl als Ausgangspunkt und Hafen seiner Visio-
nen – dies waren die einander ergänzenden Pole, zwischen denen das
Leben des Nostradamus von nun an sinngebend, behütet und phan-
tastisch schwang. Sein Ruf als Arzt wuchs beständig, während sich das
Jahrhundert seiner mathematischen Mitte näherte. Michel behandelte
Wohlhabende und Arme gleichermaßen. Alchimistisch und chirurgisch

half er, oft aber heilte er auch allein durch sein Wort. Er gebrauchte sein Sternenwissen und griff damit in der metaphorischen Brücke in manche innerseelische Verkrustung hinein. Mehr Magier als Medikus war er in solchen Stunden. Sehr wenige Stunden Schlaf vermochten ihm die körperlichen und seelischen Arsenale wieder zu füllen. Regelmäßig zur Mitternachtsstunde löste er sich aus der Nähe Annes und stieg hinauf auf den Turm, wo der bronzene Stuhl stand.

1550 dann, im Sommer, stieg eine sternenfunkelnde Nacht herauf. Er bat Anne, sie möge ihn heute hinauf auf den Turm begleiten. Dort, unter dem freien und klaren Firmament, entwickelte er ihr seinen Plan. „Du weißt, dass ich vieles von dem, was ich schaute, bereits für dich und den engsten Kreis in meinen Manuskripten festgehalten habe", sagte er leise. „Jetzt ist der Zeitpunkt gekommen, da manches davon in Umlauf gebracht werden muss. Kalendarische Schriften, jeweils für das folgende Jahr, werde ich herausgeben, um den Menschen bezüglich ihres Tuns die Augen zu öffnen und sie zu warnen." Im Lauf der folgenden Tage dann stellte Nostradamus den ersten Almanach zusammen: ein Konglomerat aus Wetterregeln, medizinischen Ratschlägen, Rezepten und dazu etlichen eher allgemeinen Prophezeiungen für das kommende Jahr 1551 entstand. Vor einem neuerlichen Ausbruch der Pest in verschiedenen Regionen des Landes etwa warnte Michel, gleichzeitig waren auf den Seiten mit den alchimistischen Traktaten sehr vernünftige Verhaltensmaßregeln eingestreut. „Wer Augen hat, um zu sehen, wird seinen Nutzen und hoffentlich auch Erkenntnis daraus ziehen", sagte sein Drucker Pierre Roux, als er den ersten Bürstenabzug vom Druckerstock löste.
(Böckl, 1999) Soweit der Geschichtswissenschaftler und Schriftsteller Manfred Böckl, der mit *Nostradamus – Der Prophet* zumindest sein Talent für historische Romane beweist. Doch was ist Dichtung, was Wahrheit?

Mit einem gewissen Faible fürs Mondäne verfasst Nostradamus in Salon erst einmal absatzstarke Schriften wie „Das Schminken und die Gerüche", „Die Kunst des Einmachens" sowie Gesundheitsratschläge und Rezepte für Liebestränke. Dann verdingt er sich mit jährlichen Almanachen – einer Art früher Esoterik-Literatur. In Deutschland wird der erste Almanach bereits 1455 gedruckt. 1464 erscheinen berufsständische Almanache und 1471 der erste Jahresalmanach. In seiner klassischen Form besteht er aus drei Teilen: den astronomischen Begebenheiten des Jahres (Finsternisse und Konjunktionen), den religiösen Feiertagen und schließlich astrologischen Vorhersagen, die von Wetterprognosen über

den Einfluss der Tierkreiszeichen auf verschiedene Körperteile bis hin
zum richtigen Zeitpunkt für Aderlässe oder den Bartschnitt reichen.
Handschriftlich zirkulierten Almanache schon im frühen Mittelalter.
Mit der Erfindung des Buchdrucks nimmt ihre Produktion gewaltige
Ausmaße an. Neu im 15. und 16. Jahrhundert ist zudem die Praxis der
„Vorherverkündigungen". Sie steht im Zusammenhang mit dem Sieges-
zug der Astrologie, die den von den Fehlschlägen der klassischen religiösen Prophetie enttäuschten Menschen eine Ersatzlösung bietet. Ihre
Stärke besteht in ihrem scheinbar wissenschaftlichen und zugleich
volkstümlichen Aspekt. Was kann objektiver, rationaler und strenger
sein als die Himmels-Mechanik? Die Astrologen versuchen, das individuelle und kollektive Schicksal mit der Bewegung der Gestirne zu ver-
knüpfen – und so eine Gesellschafts- und Humanwissenschaft zu be-
gründen, die das Dasein zu einem verständlichen Ganzen macht. Daher
verlockt sie zunächst die intellektuelle und politische Elite. Doch ab
Mitte des 16. Jahrhunderts bemächtigt sich auch das Volk dieses Wahr-
sagungsmittels, das sich vornehmlich mittels der Almanache verbreitet.

Die astrologischen Vorhersagen zu jener Zeit entsprechen einem
breiten Bedürfnis. „Der Niedergang der traditionellen, von der Kirche
reglementierten Prophetie schafft eine Leere, die die moderne Wissenschaft noch nicht auszufüllen vermag. Angesichts der weiterhin beste-
henden großen Unsicherheit und der Zufälle des täglichen Lebens wie
der politischen und religiösen Angelegenheiten bedarf es eines Mini-
mums an Anhaltspunkten in der Zukunft", analysiert der französische
Historiker Georges Minois.

Die in der zweiten Hälfte des 14. Jahrhunderts begonnene Ausbildung von neuen, an die Antike angelehnten Kulturformen geht mit der
Loslösung aus der mittelalterlichen Gebundenheit in der kirchlichen und
feudalen Ordnung einher. Die Häufung von sozialen und ökonomischen
Katastrophen, von politischen und religiösen Verwerfungen, die das aus-
gehende Mittelalter prägen, schaffen ein Klima für Weissagungen aller
Art. Die Renaissance ist der Schock, der alle aus der neuen Ordnung
Ausgeschlossenen oder alle von der herrschenden Ungewissheit Margi-
nalisierten dazu treibt, bei der Weissagung Zuflucht zu suchen: durch
die kapitalistische Entwicklung deklassierte Handwerker, von der mo-
narchischen Machtkonzentration ausgestoßene kleine feudale Notabeln,
durch die Einfriedung ruinierte Bauern, von der Reformation bedrohte
Geistliche, von der Gegenreformation bedrohte Protestanten. Für alle
diese Kategorien ist die Prophetie ein Mittel der Selbstbehauptung und

ein Ventil für die Enttäuschungen der Besiegten. Zwei Drittel aller Weissagungen verkünden Katastrophen. Und da die Ereignisse ihnen häufig Recht geben, steigt das Ansehen der Visionäre – obwohl sie nie etwas wirklich im Voraus kommen sehen. Immer ist es das Ereignis selbst, das die Prophezeiung auslöst. Die Reflexion lässt es als ein Zeichen erscheinen und erlaubt dank der Dunkelheit und Symbolik der prophetischen oder astrologischen Rede die Einordnung in ein Gesamtschema. (Minois, 1998)

Erfolglos veröffentlicht der berühmte Schriftsteller und Humanist Rabelais 1533 eine burleske Parodie auf die Stern- und Fernseher, die er mit der Bekanntmachung der „Methode" einleitet: „Da ich also die Neugier aller guten Kumpane befriedigen will, habe ich alle Pantarchen des Himmels gewälzt, die Quadrate des Mondes berechnet, alles herbeigezogen, was die Astrophilen, Hypernephelisten, Anemophylaken, Uranopeten und Ombrophoren jemals gedacht haben, und das Ganze mit Empedokles besprochen, der sich eurer Gunst empfiehlt." Es folgen einige „Voraussagen": „In diesem Jahr werden die Blinden recht wenig sehen, die Tauben ziemlich schlecht hören, die Stummen kaum sprechen, den Reichen wird es etwas besser gehen als den Armen, den Gesunden besser als den Kranken. Mehrere Hammel, Ochsen, Gänse und Schweine werden sterben – Die Nönnlein werden ohne männliches Zutun kaum befruchtet werden, und nur sehr wenige Jungfrauen werden Milch in den Brüsten haben."

Der Philosoph Michel de Montaigne widmet ein ganzes Kapitel seiner *Essais* der neuen Mode. Das Ansehen der Vorherverkündigungen hat seiner Auffassung nach zwei Hauptursachen: zum einen die Dunkelheit der Sprache, die es ermögliche, sie beliebig auszulegen. „Hierzu kommt noch, dass niemand ihre Fehltritte aufzeichnet, weil dieselben so gewöhnlich und nicht zu zählen sind." Doch die Strahlkraft dieser Phantasien ist leicht begreiflich: In einer noch immer unbeständigen und unvorhersehbaren Welt bilden diese Voraussagen Fixpunkte, verschaffen Gewissheit und sind damit tröstlich. „Das Wichtige", erklärt dazu der Historiker Minois, „ist daher nicht die Genauigkeit der Vorhersage, sondern dass sie die Rolle einer gesellschaftlichen oder individuellen Therapie spielt. Was zählt, ist nicht, dass das Vorhergesagte eintritt, sondern dass diese Vorhersage hilft, erleichtert, beruhigt oder zum Handeln anregt."

Auch Nostradamus krönt seine Almanache mit einem prophetischen Vierzeiler (Quartain) für jeden Monat – und fasst diese 1555 zu einem der hartnäckigsten Bestseller der Literaturgeschichte zusammen: Die ersten drei der „Wahren Centurien und Prophetien des Meisters Michel Nostradamus" erscheinen; jeweils 100 beinahe wild durcheinander gewürfelte vierzeilige Verse, im Original in einem mal gereimten, mal ungereimten Gemisch aus Altfranzösisch, mittelalterlichem Latein und provenzalischem Dialekt geschrieben, mit griechischen, hebräischen, italienischen und spanischen Lehnwörtern durchsetzt. Ein geheimnisvolles Arkanum aus Druckerschwärze und Sternenstaub. Magisches Esperanto oder bloß billige Abschminksalbe, die unsere entstellten Gesichter und Geschichten im Spiegel der Zukunft zeigt? fragen sich bis heute Nostradamus-Anhänger wie Skeptiker.

Und Nostradamus selbst? Von „natürlichem Instinkt" und „poetischem Furor" schreibt er in einem Brief an seinen König, Heinrich II. von Frankreich. Seinem Sohn César hinterlässt er im Vorwort der *Centurien*: „Gewiss mein Sohn, ich spreche hier zu dir ein wenig zu dunkel. Doch so ist es eben mit den geheimen Weissagungen, die man erhält durch lebhaftes Begreifen bei der Betrachtung der höchsten Sterne während Nachtwachen – Noch eines, mein Sohn, da ich den Begriff Prophet verwendet habe: Ich will mir in heutiger Zeit den Titel so großer Erhabenheit nicht zulegen. Denn wer heute Prophet genannt wird, hieß ehedem Seher. Denn der eigentliche Prophet, mein Sohn, ist jener, welcher Dinge sieht, weit entfernt von jeder natürlichen Kenntnis aller Geschöpfe. Und auch gesetzt den Fall, dem Propheten wäre die vollkommene Einsicht von den Prophezeiungen vermittelt, und die göttlichen wie die menschlichen würden ihm klar erscheinen, so ist das eigentlich unmöglich, weil die Auswirkungen der Zukunftsvorhersage sich in weite Fernen erstrecken."

Kein Prophet also, sondern ein „Seher" im Wortsinn? Einer, der mit offenen Augen, scharfem Blick und wachem Verstand durch die Welt geht und überall Elend, Krankheit, Ignoranz, Dummheit, Fanatismus, Neid, Falschheit, Machtgier, Lüge, Krieg und Missgunst sieht? Wahrsagen durch Extrapolation aus der Vergangenheit, scharfsinnige Induktion aus dem Gegebenen und platonische Deduktion? Liegt die wahre Zukunft von Nostradamus' Prophezeiungen in ihrer poetischen Gegenwart? Und in unserer Ahnung, dass es sich hier um einen frühen Versuch handeln könnte, dem exzentrischen Himmel ein ebenso exzentrisches Buch entgegenzuhalten? „Ein Buch", schreibt der Schweizer Literaturkritiker Andreas Langenbacher über die *Centurien*, „das dem unendlichen Reichtum der Sternenkonstellationen mit einem magischen Reichtum kontingenter Wortkonstellationen begegnet. Worte aus verschiedenen Sphären, Zeiten und Räumen, deren selbstgenügsamer Eigensinn ein zweites, offenes Universum schafft."

Im Jahr 2066 wissen wir möglicherweise mehr. Denn wie heißt es im Vers 94 der III. Centurie: „Fünfhundert Jahre lang wird man von dem, der eine Zierde seiner Zeit war, nicht viel halten. Doch dann wird plötzlich eine große Klarheit herrschen. Man wird in jenem Jahrhundert recht froh darüber sein." Bedeutet dies vielleicht, dass Nostradamus seine Texte codiert hat? Manfred Böckl malt in seinem historisierenden Roman folgende Szene aus:

„Ich habe es soeben von katharischen Vertrauensleuten erfahren!" keuchte Genette [ein Freund]. „Die Inquisition ist wieder auf dich aufmerksam geworden. Der Erfolg deines Buches ist den Dominikanern ein Dorn im Auge. Sie halten dich für einen Hexenmeister und Satansdiener." Nostradamus hastete zur Tür und verriegelte sie. Fuhr wieder herum und setzte mit einem Zittern in der Stimme an: „Wie können wir die Gefahr abwenden? Siehst du denn einen Weg? Aber verlange nicht, dass ich meine Bücher aus dem Verkehr ziehen soll."

So weit kommt es bekanntlich nicht. Statt dessen – aber lassen wir uns doch von einem willkürlich aus dem Regal gezogenen Nostradamisten belehren: „Was die Deutung seines umfangreichen Werkes so außerordentlich erschwert, ist, dass die Verse nicht in geschichtlicher Folge vorliegen, sondern dass der Autor sie in scheinbar willkürlicher Art verwürfelt hat. Sollte bei der Verwürfelung ein System verwandt worden sein, so ist es derart genial, dass allein deswegen Nostradamus hoher Respekt gebührt. Seit Jahrhunderten versuchen sich kluge Köpfe an diesem Rätsel. Ohne Erfolg. Selbst der Einsatz moderner Großrechenanlagen ist gescheitert." (Bouvier, 1996). Was Wunder? Schließlich hat doch Nostradamus selbst festgelegt, dass erst ein halbes Jahrtausend nach seinem Tod sich die kryptologisch-kabbalistischen Entschlüsselungs-Versuche als zielführend erweisen werden – oder etwa nicht?

Als Michel Nostradamus in der Nacht vom 1. auf den 2. Juli 1566 an einer gichtverursachten Nierenkrankheit stirbt, hinterlässt er seiner Familie ein Vermögen – genau 3444 Kronen. Nimmt man die Jahresmiete für ein Zimmer in einem guten Haus zum Vergleich, die zu jener Zeit vier Kronen beträgt, dann entspricht diese Summe einer heutigen Größenordnung von etwa drei Millionen Mark. Eine andere Umrechung des Franzosen Collin de Larmor aus dem Jahr 1925 beziffert Nostradamus' Vermögen gar auf 14 Millionen Mark. Wie auch immer: Trotzdem ergrimmt es den berühmten Arzt und Astrologen – im Grunde seines Herzens wohl ein eher konservativer, beinahe biederer Zeitgenosse – dass ihn die Königin von Frankreich, Katharina von Medici, nur mit knausrigen 130 Goldtalern belohnt, als sie ihn wenige Monate nach dem Erscheinen der *Centurien* an den Hof nach Paris zitiert.

Als sie die Freitreppe im Cour d'Honneur von St. Germain-en-Laye erreichten, war der alte Arzt dankbar für die bewaffnete Eskorte. Eine Menge umdrängte ihn, die mehr und mehr anschwoll und immer lauter wurde, während er zum Empfangsraum der Königin ging. „Nostredame, Nostredame!" wurde gerufen, und man stieß ihn und warf ihn beinahe um. „Er ist da! Der Mann, der die Zukunft kennt! Die Königin höchstpersönlich hat nach ihm geschickt." Frauen wollten ihn berühren, und Fremde zupften an seiner Kleidung. Verzweifelte Menschen riefen ihm Fragen nach abhanden gekommenen Liebhabern und Söhnen zu, Spaßvögel stießen an seinen Spazierstock und feuerten witzig gemeinte Fragen auf ihn ab. Soldaten, Pagen, Diener, aristokratische Müßiggänger drängelten sich in den Fluren, um einen Blick auf ihn zu erhaschen. „Fort, fort alle miteinander!" brüllte der Alte Konnetabel. „Macht Platz für den Astrologen der Königin."

Die Aura der Königin war auf eine Art verschlagen, wie sie Michel de Nostredame auf seinen Reisen schon häufig bei den Fürsten dieser Welt angetroffen hatte. Ungewöhnlich war nicht das honigsüße Lächeln, unter dem sie ihre Berechnung verbarg, auch nicht die Fülle der kleinlichen Spitzen, mit denen sie ihre schwache Stellung an einem Hof absicherte, an dem bei Frauen nur Schönheit zählte. Was von ihrer Aura hochloderte, war Wille, blanker Wille – „Ich sehe ein langes Leben", sagte Nostradamus, nachdem er ihre Handlinien, die Sommersprossen auf ihren Unterarmen und die Züge ihres zu einem freundlichen Lächeln angespannten Gesichts gemustert hatte. (Merkle-Riley, 1999)

Katharina von Medici (1519-1589), eine überzeugte Anhängerin des Okkulten, sucht seit frühester Jugend Rat bei Wahrsagern und Zauberern. Ihr Hof-Astrologe ist Cosimo Ruggiero, Florentiner wie sie. 1574 sorgt Ruggiero mit einer makabren nächtlichen Inszenierung dafür, dass seine ehrgeizige Landsmännin für kurze Zeit selbst zur Regentin aufsteigt: Der amtierende König Karl IX., ihr 24 Jahre alter Sohn, ist schwer erkrankt. Katharina bittet ihren esoterischen Berater, seine Zukunft und die des Königshauses aufzuhellen. In einem grausamen Ritual enthauptet Ruggiero mit Hilfe eines abgefallenen Priesters scheinbar einen kleinen Jungen und befiehlt dem Satan, durch das abgetrennte Haupt mit dem König zu sprechen. *In seinem Entsetzen über diese Zeremonie bringt der junge König kein Wort heraus. Plötzlich reißt er die Augen auf, glaubt einen Moment lang an eine durch das Fieber hervorgerufene Sinnestäuschung, aber nein, der Kopf auf dem Altar hat sich tatsächlich bewegt! Die Lider heben und senken sich, ein dünner Faden Blut rinnt aus dem leichtgeöffneten Mund. Die Lippen beben, bewegen sich. Dann hört man klar und deutlich: „Der Tod wird dich erlösen – Katharina wird Frankreichs Rettung sein." Ruggiero und Katharina führen den König eilig aus dem Turm des Schlosses von Vincennes. Niemand an diesem 25. Mai 1574 ahnt etwas von dem seltsamen Ausflug des todkranken Herrschers.*

Fünf Tage lang dauert der Todeskampf Karls IX. Seine Amme, die an seinem Bett wacht, hört, wie er im Fieber von einem enthaupteten Kind redet. Am Morgen des 30. Mai ist er noch einmal bei vollem Bewusstsein. Er befiehlt den Herzog von Alencon und den König von Navarra zu sich und teilt ihnen mit, er wünsche, dass seine Mutter bis zur Rückkehr seines Bruders aus Polen mit der Regentschaft beauftragt wird. Ob er sich bewusst ist, dass er die Prophezeiung des Enthaupteten erfüllt? Von Stund' an herrscht Katharina von Medici als Regentin. Das dämonische Experiment im Teufelsturm des Schlosses hat Früchte getragen. (Majax, 1996)

In Wahrheit war der sprechende Enthauptete lediglich das schauerliche Ergebnis einer Abfolge äußerst geschickter Taschenspieler-Tricks. Der Kopf war aus Wachs, das Kind und der Priester (ein Jakobinermönch, den der Papst mit einem Interdikt belegt hatte) waren eingeweiht und spielten ihre Rollen perfekt. Nichtsdestotrotz ist leicht zu verstehen, dass die Biografen an den Beziehungen Katharinas von Medici zu ihren Astrologen helle Freude hatten und ohne mit der Feder zu zucken die beeindruckenden Anekdoten der Königin über deren angebliche Künste bereitwillig für die Nachwelt festhielten.

Auch Nostradamus macht auf die zum Zeitpunkt ihrer Begegnung 37-jährige Italienerin großen Eindruck. Zumal sich seine sibyllinische Höflichkeits-Prophezeiung „Alle Söhne werden Könige sein!" noch zu ihren Lebzeiten halbwegs bewahrheitet – wenn auch auf andere Weise als von Katharina erhofft. Ihr Gemahl Heinrich II. stirbt 1559 bei einem Turnier (auch das soll Nostradamus vorhergesehen haben; dazu mehr in Kapitel 3). Sein Sohn und Nachfolger Franz II. folgt seinem Vater bereits ein Jahr später ins Grab. Der zweite Sohn, Karl IX., erliegt 1574 seiner Krankheit. Ihr drittes Kind, Heinrich III., fällt 1589 einem Messer-Attentat des fanatischen Dominikanermönchs Jacques Clément zum Opfer (mit Heinrich III. endet allerdings die Königsherrschaft des Hauses Valois; Katharinas jüngster Sohn, Hercules, kommt nicht mehr auf den Thron). Kurz gesagt: Viele tragische Todesfälle bedingten viele Herrscher.

1564 sucht Katharina den Seher von Salon mit einem Hofstaat von an die 800 Männern und Frauen sogar in dessen Heimatstadt auf. Die letzte große Ehre für Nostradamus, zwei Jahre vor seinem Tod. Das Ansehen des Hof-Günstlings bei den einfachen Leuten und Bauern von Salon steht freilich zeit seines Lebens in krassem Gegensatz zu seinem historischen Ruhm. Der „gemeine Pöbel", wie Nostradamus' Sohn César später in seiner Biografie schimpfen wird, hält ihn für einen verkappten Hugenotten, einen Anhänger der Reformation – und ächtet ihn darüber hinaus wohl auch als vermeintlichen Schwarzkünstler.

1791, während der französischen Revolution, dringt ein wilder Haufen in das Franziskanerkloster von Salon ein. Hier steht der Sarkophag des großen Michel Nostradamus. Als die Plünderer die Gruft aufbrechen, werden sie auf der Brust des toten Sehers einer Plakette gewahr, in der exakt der Monat und das Jahr der Grabschändung eingraviert sind. In der gleichen Sekunde wird einer der betrunkenen Mannen von einer verirrten Gewehrkugel niedergestreckt. So jedenfalls wollen es einige Biografen des Meisters wie auch der amerikanische Spielfilm „The Man Who Saw Tomorrow" aus dem Jahr 1981. Tatsache ist, dass das Kloster in den Revolutionswirren geschleift und Nostradamus' sterbliche Überreste in die Dominikanerkirche St. Laurent umgebettet wurden. Der Rest indes ist wenig mehr als eine fromme Legende, in Umlauf gebracht von einem Priester, um andere Banditen abzuschrecken. (Mosley, 1998)

Nostradmus' Grab blieb daraufhin tatsächlich von weiteren Plünderungen verschont. Nicht aber sein Werk. Versatzstücke des nostradamistischen Nachlasses geistern bis heute durch nahezu alle Sparten der Populärkultur. Sei es durch die Songs des Albums „Awaken the Centuries" der Heavy-Metal-Band *Haggard*; sei es durch die Heftroman-Reihe „John Sinclair" des Bastei-Verlags. In Band 202, „Bring mir den Kopf von Asmodina",, befindet sich Geisterjäger Sinclair wieder einmal in höchster Bedrängis. Doch am Ende geschieht etwas Seltsames:

Plötzlich sah ich ein Bild. Erst hielt ich es für eine Täuschung, weil es mir zu wenig real erschien. Denn der Kelch des Feuers stand vor meinen Augen. Er glühte in einer Pracht, wie ich sie nur einmal erlebt hatte, und in ihm befand sich eine geheimnisvolle Kugel. Ich sah auch Gesichter, die den Kelch des Feuers umgaben, allerdings konnte ich nicht erkennen, zu wem sie gehörten, weil sie zu sehr im Schatten lagen und nur der Kelch die Lichtquelle darstellte.

Auch die Kugel strahlte. Ihr Licht schien mir sogar noch intensiver zu sein. Dieses Licht, aus Wellen geboren, erreichte mein Gehirn, und aus den Wellen formten sich Gedanken. Für einen Moment war ich überrascht. Eine Leere überfiel mich, dann jedoch konnte ich die Gedanken verstehen. Sie sprachen mich direkt an – „Wer bist du?" schrie ich in Gedanken. „Bist du der Seher? Sag mir deinen Namen. Ich bitte dich darum."

„Nein, ich bin nicht der Seher. Der Seher ist zu fern, aber ich bin derjenige, dem der Seher die Kraft gegeben hat, in die Zukunft schauen zu können. Mein Name ist Nostradamus."

Das war eine Überraschung. Im nächsten Moment wurde sie noch größer, denn Nostradamus zeigte sich mir. Hoch über mir sah ich sein Gesicht. Es war der Geist des Mannes, der im sechzehnten Jahrhundert gelebt und der so große und folgenschwere Prophezeiungen gewagt hatte. Er, der einen Teil der Zukunft kannte.

Der Pestarzt und Renaissance-Astrologe ist nicht nur zur Esoterik-Ikone, sondern auch zu einem Pop-Mythos mutiert. 60 Prozent der Deutschen wissen nach einer Umfrage des privaten TV-Senders *Kabel 1*, wer Nostradamus war. In der *Vox*-Serie „First Wave – Die Prophezeiung" kämpft der Hauptdarsteller nach seinen prophetischen Anweisungen gegen außerirdische Invasoren. Auch die Perry-Rhodan-Leser kennen ihn, zum Beispiel aus Band 566 („Planet im Hyperraum") oder aus dem Personen-Lexikon zur meistverkauften Science-fiction-Reihe der Welt. Dort heißt es: „Nostradamus oder auch Michel de Notre Dame wurde 1503 geboren und starb 1566. Berühmter Astrologe. Mittelgroß, etwas untersetzt, dunkler Vollbart, lange, dunkle, leicht gelockte Haare, kluge dunkle Augen mit einem zwingenden Blick, volltönende tiefe Stimme. Auf dem Kopf eine flache Kappe, Oberkörper bedeckt von spanischem Mantel mit Rüschenärmel, eng anliegende Kniehose, Schnallenschuhe, Zierdegen. Im Jahr 3443 wird er in einer Energiegruft im Südpolargebiet der Erde entdeckt."

Etwa mit einer gravierten Plakette auf der Brust?

Kapitel 3
Beim Barte des Profites: Die Deuter

Anfang September 1997 wird der tunesische Hellseher und Astrologe Hassen Charni über Nacht berühmt: Als einziger Mensch auf der Welt habe er den Unfalltod der englischen Prinzessin Diana vorhergesehen, trompetet das *Pro-Sieben*-Boulevardmagazin SAM. Charni berufe sich dabei „auf sein großes Vorbild Nostradamus, den berühmten Propheten des 16. Jahrhunderts, der in einem seiner Bücher dieselbe Prognose in verschlüsselter Form niedergelegt haben soll", erschaudert die Moderatorin ehrfürchtig. Auf Nachfrage des Autors dieses Buches rückt der Münchner Kommerz-Sender den entsprechenden Quartain heraus; es handelt sich um Vers 56 der X. Centurie.

Eine königliche Kutsche wird verunglücken.
Ein großer Fluss Blut wird aus ihrem Mund kommen.
Die englische Königin wird nicht mehr atmen.
Und ein Wahrsager aus Tunis wird dies voraussagen,

prangt es von der Telefax-Kopie der SAM-Redaktion. Anscheinend hat Nostradamus nicht nur das plötzliche Ableben der Ex-Prinzengattin orakelt, sondern darüber hinaus auch noch seinen Standeskollegen exklusiv dazu ausersehen, dies einer angemessen staunenden (Medien-) Öffentlichkeit anno 1997 kundzutun.

Dreister geht's kaum noch. Denn von einem „Wahrsager aus Tunis" ist in dem Textchen nicht einmal andeutungsweise die Rede. Ebensowenig von einer Kutsche. Im Original schrieb Nostradamus:

Prelat royal son baissant trop tiré,
Grand flux de sang sortira par sa bouche,
La regne Anglicque par regne respiré,
Long temps mort vifs en Tunis comme souche

Und nun beginnt das fröhliche Rätselraten. Bernhard Bouvier, von seinem Verlag nicht eben unbescheiden zum „besten Nostradamus-Kenner" erhoben, übersetzt wie folgt:

> *Der königliche Prälat, sein Gewand zu sehr geschürzt,*
> *ein großer Schwall von Blut strömt aus seinem Mund.*
> *Das englische Reich kann durch den Herrscher aufatmen.*
> *Die in Tunis Lebenden sind tot wie ein Klotz.*

Was das zu bedeuten hat? Ganz einfach: „Zeile 1 und 2: Papst Pius VI. stirbt 1799 als Opfer Napoleons in Valence an einem chronischen Bluthusten. Zeile 3: England wird unter Pitt d.J. zur Großmacht. Zeile 4: Langzeitprognose für Tunesien: kaum befreit von den Osmanen, warten schon neue Kolonialherren, allen voran England." (Bouvier, 1996) Ein und derselbe Vers – zwei völlig unterschiedliche Übersetzungen beziehungsweise Deutungen. Die unrühmliche Ausnahme? Nein, sondern die Regel. In welcher Weise die Interpretation der *Centurien* zum Beispiel von der aktuellen politischen wie gesellschaftlichen Situation und von der persönlichen Einstellung des Deuters abhängt, lässt sich an zahllosen Beispielen aus den rund 450 Nostradamus-Exegesen belegen, die bis heute vorgenommen wurden (der Historiker Georges Minois spricht gar von 1500).

> *Subit venu l'effrayeur sera grande,*
> *Des principeaux de l'affaire cachez:*
> *Et dame embraise plus ne sera en veue*
> *Ce peu à peu seront grands fachez (V, 65)*

inspiriert den Ex-Chefastrologen der *Astro-Woche*, Kurt Allgeier, zu dieser Übersetzung:

> *Sehr plötzlich aufgetaucht, wird der Schrecken groß sein.*
> *Von den Urhebern der Affäre wird sie zunächst verheimlicht.*
> *Man wird die Dame nicht mehr küssen sehen.*
> *Nach und nach werden auch die Großen erzürnt sein.*

„Das hört sich so an," hebt Allgeier in seinem Kommentar dazu an, „als würde das plötzliche Auftauchen der Krankheit Aids geschildert. Niemand weiß, woher das Virus kam. Zuerst versuchte man sie (ihren Ursprung?) zu verschweigen. Dann setzte die große Angst ein. Schließlich werden auch die Verantwortlichen tief besorgt sein." (Allgeier, 1999) Der Journalist und Sachbuchautor Ray Nolan (ein Pseudonym) geht in der Übersetzung des Verses noch weitgehend mit seinem Kollegen einig:

Plötzlich wird man sich mächtig erschrecken,
von den Obersten werden die Ursachen der Affäre vertuscht:
Und die feurige Dame wird letztlich nicht mehr zu sehen sein.
Nach und nach werden die Großen verärgerter.

Und in der Auslegung? „Die 'feurige Dame' ('Manche mögen's heiß') Marilyn Monroe war ab 1962 wirklich nicht mehr zu sehen! Vierzig Schlaftabletten beendeten ihre Karriere und ihr Leben", deutelt Nolan mit Sinn fürs Pikante in seinem Buch *Das Nostradamus-Testament*. Völlig klar: Nostradamus habe hier die Affäre des blonden Hollywood-Stars mit US-Präsident John F. Kennedy beschrieben. Kein Prophet braucht man indes zu sein, um an dieser Stelle voraussagen zu können, dass künftige Nostradamus-Autoren diesen Quartain auf Clinton-Lewinsky ummünzen werden. Als zwangsloser Allround-Vierzeiler in Sachen Ehebruch und Sex-Affären sei darüber hinaus noch Vers 14 der VIII. Centurie anheim gestellt:

Le grand credit d'or & d'argent l'abondance
Fera aveugler par libide l'honneur,
Sera cogneu d'adultère l'offence,
Qui parviendra à son grand sehonneur.

Zu Deutsch:

Große Mengen von Geld in Wechseln und Silber im Überfluss
werden durch Gier das Ehrgefühl erblinden lassen.
Die Beleidigung des Ehebruchs wird publik werden,
was zu einer großen Schande gereichen wird.

Und was meint Nostradamus wohl mit dem „großen Hintern" aus Vers 40 der VI. Centurie?

Grand de Magonce pour grande soif estaindre,
Sera privé de sa grand dignité:
Ceux de Cologne si fort se viendront plaindre,
Que le grand groppe au Rhin sera ietté.

Kurt Allgeier übersetzt:

Um den großen Durst zu löschen,
wird der Große aus Mainz seiner hohen Ämter enthoben.
Die von Köln werden sich so lauthals beklagen,
dass der große Hintern in den Rhein gestürzt wird.

Und folgert messerscharf: „Von Helmut Kohl sagt man, dass er Probleme gerne aussitzt (großer Hintern!). Dieser Vers könnte auf ihn gemünzt sein und seinen Sturz vorhersagen – ausgelöst von Kräften aus

Nordrhein-Westfalen. Leider fehlt dazu jede Zeitangabe." Immerhin: So argwöhnte der Münchner Astrologe bereits im Jahr 1991. Und bekanntlich verlor Helmut Kohl sieben Jahre später die Bundestagswahl. Was tat Kurt Allgeier wohl an jenem 27. September 1998? Jubelte er lautstark ob seines eindrucksvollen Treffers? Wir wissen es nicht. Gab er unverzüglich eine Neuauflage seines Buches in Druck, um die nunmehr um ein weiteres konkretes Ereignis bereicherte prophetische Weltgeschichte seines Idols fortzuschreiben? Das schon eher. Allerdings erst ein Jahr später, im Herbst 1999. Nun allerdings geschieht etwas, das beinahe ebenso rätselhaft ist wie der in Rede stehende Vierzeiler selbst. Denn anscheinend ist Helmut Kohls „Sturz" völlig an Allgeier vorbeigegangen. Und so lesen wir in der „neu gedeuteten" Überarbeitung von *Die Prophezeiungen des Nostradamus* fast unverändert: „Von Helmut Kohl sagt man, dass er Probleme gerne aussitzt (großer Hintern!). Dieser Vers könnte auf ihn gemünzt sein und seinen Sturz vorhersagen. Leider fehlt dazu jede Zeitangabe."

Was soll man daraus folgern, ohne in den selben Interpretationswahn der Nostradamus-Fans zu verfallen? Dass Allgeier ähnlich auf der Höhe seiner Zeit ist wie der Kabarettist und Late-Night-Talker Harald Schmidt, der in seinem Bühnen-Programm damit kokettiert, selbiges aus dem Stehgreif komplett gegen neue Gags austauschen zu können, „falls eines Tages die Berliner Mauer fallen sollte"? Oder dass der Ex-*Astro-Woche*-Chefdeuter genügend Anstand besitzt, seinen Lesern die demokratische Abwahl eines Politikers nicht als „Sturz" zu verkaufen? Hat der 71-jährige die Stelle vielleicht schlicht übersehen? Oder hat Allgeier in Wahrheit die Beschäftigung mit dem französischen Renaissance-Seher längst aufgegeben und folgt bei seinen Neuauflagen rein monetären Erwägungen? Verständlich wäre dies. Denn 1982 datierte er in seinem Buch *Die großen Prophezeiungen des Nostradamus in moderner Deutung* unter anderem folgende Ereignisse:

1987: Eine große Hungerkatastrophe sucht vor allem den Süden Europas heim. Die schlimmen Zustände lösen in Italien eine blutige Revolution aus. Anschlag auf den Papst, auf die Regierung. Im August bricht der Dritte Weltkrieg aus. Vielleicht noch im selben Jahr wird New York durch einen Atomangriff zerstört.

1988: Erdbebenkatastrophe im Mai bringt ein großes Stadion oder Theater zum Einsturz. Das ist das Zeichen dafür, dass im Oktober die 3tägige Sonnenfinsternis stattfindet. 72 Stunden lang ist es völlig dunkel. Die Luft ist giftig, viele Menschen kommen uns Leben.

1989: Um diese Zeit mündet die Revolution in Italien in eine Diktatur. Das Christentum wird verboten, die Gläubigen werden blutig verfolgt. **1998**: Die „kosmische Revolution" ist auf ihrem Höhepunkt. Die Erde beginnt zu torkeln und steht schließlich schief. Die Erdachse ist gekippt, die Pole haben sich verlagert.

Nichts davon traf ein. Was den Kosovo-Krieg von 1999 angeht, konnte sich Allgeier retrospektiv garantiert unwiderlegbar „vorstellen, dass dieser in irgendeiner Form wieder aufflammt. Oder an einer anderen Stelle. Oder in Israel. Oder am Golf. Oder irgendwo." (Schreiber, 1999)

Aber zurück zum Vers 40, VI. Centurie. Was sagt ein ausländischer Nostradamist dazu? Schlagen wir nach bei Bernhard Bouvier:

Der Große von Magog, um seinen großen Durst zu löschen.
Er wird seiner großen Würde enthoben,
die von Köln werden sich lauthals beklagen,
dass die große (Heeres)gruppe in den Rhein geworfen wird.

Zu seiner Übersetzung gibt der Franzose an: „Dritter Weltkrieg. Der Angriff aus Russland, dem Land Magog der Bibel, scheitert am Rhein und Frankreichs Grenzen. Eine Heeresgruppe wechselt beim Rückzug in der Gegend von Köln wieder auf das rechte Rheinufer. Keine Vorstellung für die Bewohner. So wie ich Nostradamus kenne, bleibt von Köln nicht viel übrig. Nahe Zukunft." (Bouvier, 1996) Anscheinend ist tatsächlich nur Bouvier mit Michel de Notredame auf Du und Du. Denn in der bekannten Exegese seines Landsmanns Dr. Max de Fontbrune (Fontbrune, 1981) taucht dieser Quartain nicht einmal auf. Weder bei Fontbrunes Ankündigung einer „Invasion Europas durch Araber, Asiaten und Mongolen" noch unter der Sammel-Überschrift „Russen und Araber werden besiegt" oder bei „Der totale Sieg des Westens" oder an einer anderen Stelle nimmt er Bezug auf VI, 40. Ray Nolan enthält sich ebenfalls jeder Interpretation, da ihn bereits die Übersetzung vor eine unüberwindbare Hürde stellt:

Großer von Magonce (Mainz), um großen Durst zu löschen
wird er der großen Würde beraubt:
Jene von Köln, so sehr werden sie kommen, ihn bedauern,
dass der große groppe (?) in den Rhein geworfen wird.

„Erst im Nachhinein", klagt der Autor Eberhard Fuchs, „konnte bisher festgestellt werden, wie sehr Nostradamus Recht gehabt hat". Auch das ist falsch. Weder vor noch nach den angekündigten Ereignissen erzielen die Nostradamisten Einigkeit darüber, was ihr Idol sagen wollte.

La dechassee au regne tournera,
Ses ennemis trouvez des coniurez:
Plus que iammais son temps triomphera,
Trois et septante à mort trop asseurez (VI, 74)

Nach Jean-Charles de Fontbrune (der Sohn von Max de Fontbrune) bezieht sich dieser Vers auf die Zeit eines dritten Weltkriegs:

Die Linke wird an die Macht kommen.
Man wird entdecken, dass ihre Feinde Verschwörer sind.
Mehr denn je wird ihre Zeit triumphieren,
doch nach drei Jahren und siebzig Tagen steht ihr der sichere Tod
bevor.

Wie kommt er auf die Linke? „La déchassée", teilt er mit, sei ein „Tanzschritt, der nach links ausgeführt wird, im Gegensatz zum chassé, der mit einer Rechtswendung verbunden ist". Es ist derselbe Vers, in welchem Théophile de Garencières im 17. Jahrhundert eine klare und eindeutige Vorhersage der glücklichen Wiedereinsetzung des Königs Charles II. (1630-1685) erkannte. Die Richter und Mörder dessen Vaters seien die erwähnten plusminus siebzig, die man damals zum Tode verurteilt habe. Für Charles A. Ward (19. Jahrhundert) beschreibt Nostradamus in VI, 74 jedoch die Inthronisation, die Regentschaft und den Heimgang Queen Elizabeth I. (1533-1603). James H. Brennan, wie Fontbrune ein Deuter aus unserer Gegenwart, hat wieder etwas ganz anderes im Sinn und übersetzt:

Sie, die abgesetzt wurde, wird wieder zur Herrschaft zurückkehren.
Ihre Feinde wurden unter den Verschwörern gefunden,
mehr als jemals zuvor wird ihre Zeit voller Triumphe sein.
Dreiundsiebzig bis zum Tod mit großer Gewissheit.

Dieser Vierzeiler, erläutert er, werde im Allgemeinen Elizabeth I. zugewiesen, „obwohl sie mit siebzig, und nicht, wie der Vers konstatiert, mit dreiundsiebzig starb. Ich glaube, eine viel bessere Kandidatin wäre Benazir Bhutto, die Geschichte machte, als sie Pakistans erste weibliche Premierministerin wurde, dann aber durch Präsidentenerlass aus dem Amt entfernt wurde. Wenn meine Interpretation des Nostradamus richtig ist, dann werden wir noch ihre Rückkehr zur Macht erleben, zusammen mit der Verheißung eines reifen hohen Alters."

„Man weiß es nicht, man steckt nicht drin", ironisiert die *Kulturgeschichte der Missverständnisse* diese skurrile Auslegungsmanie. „Ob Nostradamus über die Linke geschrieben hat oder aber über Charles II., ob über Elizabeth I. oder über Benazir Bhutto oder aber über Unterammergau, ist nicht gewiss. Guillotine muss, Kubakrise kann, Tannenberg braucht nicht zu sein, wird aber auch gerne genommen. Außerdem sind die Oktoberrevolution, der Ägyptenfeldzug und die Feldherrnhalle im Angebot." Unfreiwillig komisch wird's vor allem, wenn die Nostradamisten über das Morgen rätseln. So schreibt Bernhard Bouvier zum Vers III, 29

Die beiden Neffen wachsen in verschiedenen Gegenden auf.
In einer Seeschlacht und in einer Landschlacht sind die Väter
gefallen.
Die Kriegerischen werden es sehr weit bringen.
Sie rächen die Schmach, wenn die Feinde niedergeworfen sind

in berückender Schlichtheit: „Zukünftiges Heldenepos. Wahrscheinlich handelt es sich um Vettern, die Väter dürften Brüder sein. Irgendwann einmal, in vielen Jahren, wird man sagen: Sieh mal, die hat Nostradamus gemeint!"

Doch Kritik ficht die Nostradamus-Deuter kaum an. Der große Seher gebe eben nur selten fixe Daten an, er beschränke sich meist auf die Angabe astrologischer Konstellationen, heischt Kurt Allgeier gegenüber der Zeitung *Die Woche* um Verständnis. Diese könnten aber zu verschiedenen Zeiten auftreten. „Leider" habe auch er selbst einfach den nächsten möglichen Termin auf die jeweilige Prophezeiung bezogen.

Dass Nostradamus nur genau in einem halben Dutzend seiner rund 950 Vierzeiler eine konkrete Zeitangabe gemacht und ansonsten Gestirnstände beschrieben hat, ist richtig – taugt aber dennoch kaum als Ausrede. Denn offenkundig liegen seine Anhänger ja nicht nur mit der Datierung der Ereignisse völlig daneben, sondern eben auch mit den Ereignissen selbst. Zum Beispiel, wenn es um den konkreten Verlauf der zweiten Hälfte des 20. Jahrhunderts geht. So schloss N. Alexander Centurio (*Die großen Weissagungen des Nostradamus. Prophetische Weltgeschichte bis zum Jahr 2050*) 1977 etwas ganz anders als Allgeier aus den *Centurien.*

Letztes Drittel des 20. Jahrhunderts:
- Ein islamischer Führer greift Spanien und Italien an.
- Anarchie im Mittelmeer.
- Frankreich von fünf Seiten überfallen.
- Die Vernichtung des Vatikans durch die arabische Aggression.

Gegen Ende des Jahrhunderts:
- Der atlantische Bruderkrieg beginnt.

- Eine anglikanische Aggressionsflotte naht sich La Rochelle. Letztes Friedensangebot.
- Die Aggressionsflotte läuft in die Girondemündung ein.
- Die Angelsachsen nehmen Südfrankreich in Besitz.
- Schwere Niederlagen Frankreichs durch das mit den anglikanischen Mächten verbündete Italien.
- Deutschland wird eine Monarchie.
- Krieg zwischen den USA und China.
- Der große Neptun (USA) vertreibt China aus dem Stillen Ozean.

Jean-Charles de Fontbrune wiederum ist insofern vorsichtiger, als dass er kaum Daten nennt. Ein Fixpunkt zieht sich aber auch durch seine Bücher, nämlich der Dritte Weltkrieg im Jahre 1999. Unter anderem folgende Ereignisse legt er kurz vor diese globale Katastrophe:

- Friedensbemühungen und Kriegsgefahr. Krieg in Frankreich.
- Der Krieg erreicht Barcelona.
- Konfrontation zwischen Mittel- und Großmächten.
- Große Seeschlachten zwischen dem Zweiten und dem Dritten Weltkrieg.
- Revolutionäre Bewegungen in den französischen Provinzen.
- Wirtschaftskrise. Der Zusammenbruch des monetären Systems.
- Das Ende der Konsumgesellschaft. Inflation und Gewalt.
- Revolution in Italien.

Als unmittelbares Zeichen des beginnenden Dritten Weltkriegs nennt Fontbrune: Der Papst flieht vor den einmarschierenden Russen.

„Als hätte das leere Sprechen des Alls, Nostradamus als reine Poesie übermittelt, mit intentionalen und konkreten Versprechen zu tun", höhnt amüsiert ein Kritiker über die anhaltende Faszination, welche die suggestive Unverständlichkeit der *Centurien* auf viele Menschen ausübt. Die beiden deutschen Nostradamus-Interpreten Wolfram Eilenberger und Viktor Schubert (*Nostradamus – Zukunftsbilder einer anderen Wirklichkeit*) vergleichen ihre Deutungsversuche vorauseilend mit einer Gedichtinterpretation, bei der es gelte, „im Einzelfall Schlüsselbegriffe, die bestimmte Ereignisse und Aussagen symbolisieren, zu erkennen und in den Kontext einzubringen".

Tatsächlich jedoch spekulierte Nostradamus auf die okkultistische Neugierde seiner Leser, merkt der Heidelberger Literaturwissenschaftler Gregor Eisenhauer an. „Er köderte sie mit Kryptischem, wechselte willkürlich zwischen Latein und Französisch, verballhornte, schrieb in

Kürzeln und Anagrammen, kurz: Er tat alles, um jene verkaufsförderli-
che Unklarheit entstehen zu lassen, die von einem Orakelbuch erwartet
wurde." Oder?

*„List!" fauchte Nostradamus. „Eine List, die über Jahrhunderte
hinweg wirkt, allen Widersachern des freien Geistes zum Trotz! Stam-
meln werde ich und dennoch sprechen – das wird sie blenden! Ich lüfte
den Schleier und verschleiere dennoch." Nostradamus trat ans Schreib-
pult, jetzt wieder beherrscht. Auf einem leeren Blatt notierte er hastig
eine der bisher noch nicht im Druck erschienenen Prophezeiungen.
Scheinbar willkürlich hieb er sodann Federstriche zwischen einzelne
Wörter und Halbsätze. Sein Verleger, scharf einatmend, begann offensichtlich zu begreifen. Michel fügte die Textfragmente weiter unten auf
dem Papier neu zusammen: Ein Vierzeiler entstand. Er tüftelte an den
Zeilenende herum und schuf auf diese Weise zwei Reimpaare. Durchaus
nicht unbeabsichtigt, verdunkelte sich dadurch der Inhalt der Aussage
zusätzlich. „Das Geheimnis liegt im rechten Maß", erklärte Nostradamus leise. „Bei oberflächlicher Betrachtung wirkt der Quartain jetzt
mehr oder weniger unverständlich. Senkt man sich aber tiefer in ihn ein,
wird man seine Bedeutung, halb vom Verstand und halb vom Instinkt
her, wieder erkennen."* (Böckl, 1999)

So will es bis heute die Lesart der Nostradamus-Fans – gänzlich un-
beeindruckt von der Einschätzung eher nüchtern analysierender Zeitgenossen, die die *Centurien* bestenfalls als „Sibyllenhöhlen" mit einer
Sprache ohne Richtung betrachten (Langenbacher, 1999) oder deren Urheber verächtlich als „Zwerchfell-Philosophen" geißeln (so Ernst Bloch
in seinem Werk *Das Prinzip Hoffnung*). Manche Nostradamus-Experten
messen sogar dem Text als solchem gar keine Bedeutung zu, sondern
sehen die Vierzeiler als Aneinanderreihung von Wörtern, die nur mit
Hilfe von Buchstaben-Zählungen und -Neukombinationen ihren wahren
Sinn preisgeben. Und daher erscheint jedes Jahr mindestens ein neues
Nostradamus-Buch, das im Untertitel die „sensationelle Entschlüsse-
lung" der *Centurien* verheißt.

Einer der eifrigsten Schlüssel-Anhänger ist der Manager und Feier-
abend-Esoteriker Manfred Dimde. Dimde übersetzt Nostradamus „nach
der Methode Dimde, die davon ausgeht, dass jede Zeile der vierzeiligen
Verse eine Buchstabenkette mit darin enthaltenen Worten bildet, in der
Nostradamus seine tatsächlich beabsichtigten Prophezeiungen niedergelegt hat. Diese halten sich nicht unbedingt an Anfang und Ende der Wörter, sondern können über sie hinausgehen, sich aus dem Ende des einen

und dem Anfang des nächsten Wortes ergeben oder in einem Wort enthalten sein." Sogar vom seriösen ZDF-Geschichtsmagazin *Sphinx* zu „einem der bekanntesten Nostradamus-Deuter der Gegenwart" geadelt, kann Dimde wohl eher als mustergültiger Vertreter einer irrelevanten Formelvirtuosität gelten. Wie es um seinen Anspruch, „als erster und einziger den geheimen Schlüssel zur Zeitbestimmung und Textdeutung" entdeckt zu haben, tatsächlich bestellt ist, hat der Rostocker Mathematiker Volker Guiard akribisch unter die Lupe genommen (im Internet unter http://www.fbn-dummerstorf.de/fb8/guiard/deutsch/DIMDE/dimdwelt.htm kann eine ausführliche Fassung der Analyse abgerufen werden).

„In der Renaissance", behauptet Dimde ohne Quellenangabe oder Belege auf seiner Internet-Homepage (http://www.nostradamus-dimde.de), „gab es Systeme, mit denen man öffentlich, das heißt für jedermann sichtbar, Geheimnisse hinterlegte. Nur was vor aller Augen sichtbar war, blieb geheim. Dieses System hat bis heute funktioniert. Es wussten damals nur die Insider, was sie tun mussten, um diese Geheimnisse zu lesen." Und natürlich Manfred Dimde, der sogleich eindrucksvoll demonstriert, wie man aus dem Namen „Nostradamus" die Anweisung „Unsere 1000 gebrauche, drehe zweimal" extrahiert. Dazu benötigt man eine als „Strahlender Becher" bezeichnete geometrische Figur. Der Text wird buchstabenweise in das folgende Schema eingetragen:

```
1      2      3
   5      4
      6
   8      7
9     10     11
```

und anschließend in dieser Reihenfolge neu kombiniert:
1 + 2 + 3 + 9 + 10 + 11 + 5 + 2 + 4 + 6 + 7 + 10 + 8.
Also:

```
N      O      S
   R      T
      A
   A      D
M      U      S
```

wird zu:

NOS + M US + ROTA + DUA, was im Lateinischen soviel bedeutet wie „Unsere 1000 gebrauche, drehe zweimal". Sehr eindrucksvoll – bis auf die Tatsache vielleicht, dass dieser Satz keinerlei erkennbaren Sinn ergibt und somit der angeblich „entschlüsselte" Text den verworrenen Ur-Text lediglich um eine nicht minder verworrene „Deutung" ergänzt. Die angebliche „Wahrheit" der decodierten Information ist nach wie vor antiproportional zu ihrer Verwertbarkeit. Macht nichts. Unbeirrt führt Dimde weitere geometrische Methoden vor, zum Beispiel die folgende:

Bei dieser Methode werden von einem Ausgangsmuster zwei weitere Muster erzeugt:

0 1 0 1 0	0 0 0	1 1
1 0 1 0 1	0 0	1 1 1
0 1 0 1 0	0 0 0	1 1
1 0 1 0 1	0 0	1 1 1
0 1 0 1 0	0 0 0	1 1
Ausgangs-	Strahlender	zwölfteiliges
muster	Becher	Täfelchen
(Figur A)	(Figur B)	(Figur C)

Der hier skizzierte „Strahlende Becher" hat erkennbar nichts mehr mit der oben beschriebenen, gleichnamigen Figur zu tun. Die beiden Randnullen in der Mittellinie kommen dort nicht vor. Auch die Anwendung des „Bechers" erfolgt nun anders; es werden nur die Diagonalen gelesen.

Man fülle nun in das Ausgangsmuster einen Textausschnitt und lese diesen in der nachstehenden Reihenfolge:

	1 + + + +		+ + + + 5		+ 4 + 5 +
	+ 2 + + +		+ + + 4 +		8 + 6 + 2
erst	+ + 3 + +	dann	+ + 3 + +	und	+ 9 + 1 +
	+ + + 4 +		+ 2 + + +		7 + 12 + 3
	+ + + + 5		1 + + + +		+11 + 10 +
					zwölfteiliges
					Täfelchen

Was kann man damit anfangen? Zur Demonstration verwendet Dimde den Vers 99 der IX. Centurie. Da man für diese Zahlenquadrate aber fünf Zeilen braucht, nimmt er noch die vierte Zeile von IX, 98 dazu:

Vent Aquilon fera partir le siege,
Par murs getter cendres, chauls & poussiere:
Par pluyes apres, qu'il leur fera bien piege,
Dernier secours encontre leut frontiere.

und

Seront de rendre le grand chef de Molite.

Einzusetzen sind also

seron

venta

parmu

parpl

derni

Nach seinen „Buchstabenregeln" erlaubt sich Dimde, die Buchstaben p mit b und t mit d zu tauschen. Sodann kann man aus den Zahlen-Quadraten herauslesen:

serbi   (= Serbien)

tardn   (= zögert nicht)

mal   (= schlechtes)

eon   (= Zeitalter)

pua + *ner* = puan er (= stinkende Luft)

Und schon wird sonnenklar, dass es Nostradamus in IX, 99

Der Nordwind beendet die Belagerung.

Aus Schutzmauern Asche, Kalk und Staub,
Durch Regen danach, das ihnen recht zur Falle wird,
letzte Rettung entgegen ihrer Grenze

in Verbindung mit IV,98

aufgefordert sind, den großen Führer der Unternehmungen
auszuliefern

um einen Krieg in Serbien in der letzten Dekade unseres Jahrhunderts geht. Nach welchen Prinzipien die Quartains auszuwählen sind, die in dieses geometrische Schema eingepasst werden, verrät Dimde uns leider nicht. Schade, denn warum etwa sollte man wahlweise nicht die erste Zeile von IX, 100 hinzuziehen, statt der letzten von IX, 98? Bemerkenswert auch, dass Dimde mit seinen verschiedenen Methoden aus ein- und derselben Textstelle völlig unterschiedliche „Deutungen" herausliest.

Computer surren, Buchstabenkolonnen jagen über den Bildschirm, sekundenschnell huschen altfranzösische Vokabeln über den Monitor. Per Mouse-Klick unterwegs auf der Suche nach der Wahrheit der „Prophéties" – Längst hat der Computer Einzug gehalten, und das „eröffnet völlig neue Möglichkeiten!", wie Manfred Dimde begeistert feststellt. Dechiffrierung kann zur Sucht werden. Nostradamus als ewig faszinierendes Endlosrätsel. Nostradamus forever. „Bei der folgenden Methode ist die computergestützte Datenverarbeitung ganz unentbehrlich", präsentiert der Deutungsspezialist jetzt noch einen „ganz neuen, viel-versprechenden Ansatz". Die Zeilen aller zehn Centurien werden bei diesem Verfahren nicht untereinander geschrieben, sondern wie Eisen-bahnwaggons hintereinander gehängt – Der Cursor jagt durch die Buchstabensuppe. Ein Klick verwandelt Nostradamus' gesammeltes Werk augenblicklich in 400 Bandwurmsätze. Die Lettern beginnen vor meinen Augen zu tanzen.

So schildert ZDF-Journalist Günther Klein seinen Besuch bei Manfred Dimde. Das, was der Nostradamist ihm vorführte, ist die Methode des „Inneren Wortes", Dimdes bevorzugte Entschlüsselungs-Praktik. Die Quelle dafür belässt der Esoterik-Vielschreiber im Nebulösen und behauptet lediglich, dass es sich um eine in Geheimzirkeln übliche Vorgehensweise handele, was ihm natürlich die Freiheit gibt, die Regeln recht willkürlich selbst festzulegen. Das Prinzip ist simpel: Man beseitige alle Satzzeichen und alle Leerzeilen und wende auf die verbleibende Buchstabenkette zunächst einige Vorgaben an, wie zum Beispiel: „Entferne die wertlosen Fs" (Welche Fs wertlos bzw. wertvoll sind, bleibt offen) oder „Mache A zu O".

Die so gewonnene Buchstabenkette gilt es nun in neue Wörter oder Kürzel zu zerlegen. Dieses wird an dem Wort „MNOSTRADAMUS" demonstriert. Welche verborgenen Begriffe stecken allein im Namen des Renaissance-Sehers? Jede Menge – glaubt man Dimdes seltsamem „Wörterbuch":

Zeichenkette: MNOSTRADAMUS
Gedoppelte (palindromische) Zeichenkette:
MNOSTRADAMUSSUMADARTSONM

m	Tausend	a	eins/Alpha/Anfang
mn	1000 Worte/Zahlen	ad	hinzufüge
mno	x	ada	hinbringen
mnos	x	adam	unzerbrechlich
mnost	x	adamu	liebgewinnen
n	Zahl/Wort/Neunte	d	vier/fünfhundert
no	fließen/schwimmen	da	x
nos	wir	dam	Frau? Dame
nost	unser	damu	
nostr	UNSER	damus	
o	Null/oh	a	eins/Alpha/Anfang
os	Mund	am	Vormittag
ost	x	amu	x

ostr	Auster/Muschel	amus	Richtmaß
ostra	AUSTER	amuss	x
s	Sequenz	m	Tausend
st	ohne Zeit/still	mu	x
str	x	mus	Maus
stra	Einsturz/Haufen	muss	murmeln
strad		mussu	x
t	Zeit	u	FÜNF/Hauptsache
tr	Vorsteher	us	gebrauche
tra	hinüber/hindurch	uss	x
trad	Übergabe	ussu	Nutzung
trada	(Zeit) Verlauf	ussum	x
r	Weissagung	s	Sequenz
ra	x	ss	Semi-Sequenz
rad	strahlend	ssu	x
rada		ssum	x

Diesem „Wörterbuch" kann man vor allem entnehmen, wie willkürlich Dimde arbeitet; es ist wohl bestenfalls als Dokument der Inkonsequenz von gewissem Interesse. So nimmt Dimde forsch einzelne Buchstaben als Kürzel für ein Wort (t = Zeit, s = Sequenz usw.) oder Abkürzungen, wie zum Beispiel st = s.t. = ohne Zeit. Letzteres Kürzel ist aus dem akademischen Leben wohl bekannt, etwa im Zusammenhang mit Vorlesungen, die „um 15 Uhr s.t." oder „c.t." beginnen. Das Wort „no" heißt indes mitnichten „schwimmen", sondern „ich schwimme", da in Latein-Wörterbüchern Verben in der Ich-Form angegeben werden. Das Wort „amus" übersetzt Dimde mit „Richtmaß". Tatsächlich aber ist hierfür laut Lexikon der Begriff „amussis" gebräuchlich. Eigenartigerweise fällt Dimde zu „amuss" keine Bedeutung ein, obwohl dieses doch dem richtigen Wort „amussis" ähnlicher wäre. Außerdem muss man „Übergabe" wohl mit „traditio" übersetzen und nicht einfach mit „trad". Den Wortstamm „trad" kann man nämlich in sehr verschiedener Weise komplettieren, wobei „Übergabe" eher besonders bemüht erscheint.

Wie dem auch sei: Mit diesem „Wörterbuch" gelingt Dimde eine äußerst sinnige Übersetzung der Zeichenkette MNOSTRADAMUS-SUMADARTSONM, nämlich

1: 1000 Worte fließen aus unserem Mund.
Die Sequenz ohne Zeit ist wie eine Muschel.
Die Zeit füge zur Weissagung.
Strahle.

2: 1 hinzufüge 500.
Anfang am Vormittag.
Das Richtmaß.
1000
3: 5 Sequenzen gebrauche.

Wie das? Nach der Dimdeschen Methode des Inneren Wortes hätte er doch aus der Zeichenkette *nebeneinander* liegende lateinische Wörter verwenden und übersetzen müssen. Um dieses zu überprüfen, hat Volker Guiard die obige Übersetzung mit Hilfe des Dimdeschen „Wörterbuches" zurückübersetzt und die entsprechenden lateinischen Worte in das folgende Schema eingetragen:

	M	N	O	S	T	R	A	D	A	M	U	S
1:												
1000	M											
Worte		N										
fließen		N	O									
(aus)												
unserem		N	O	S	T							
Mund.			O	S								
Die Sequenz				S								
ohne Zeit				S	T							
(ist wie eine)												
Muschel.			O	S	T	R						
Die Zeit					T							
füge zur							A	D				
Weissagung						R						
Strahle.						R	A	D				
2:												
1							A					
hinzufüge							A	D				
500.								D				
Anfang									A			
(am)												
Vormittag.									A	M		
Das Richtmaß.									A	M	U	S
1000										M		
3:												
5											U	
Sequenzen												S
gebrauche.											U	S

Man sieht, dass die neuen Wörter innerhalb der Buchstabenkette nicht unbedingt nebeneinander liegen, sondern sich auch überlappen können – Willkür, die Dimde unbekümmert als die angeblich von Nostradamus geforderte „Flexibilität", „Phantasie" und „Intuition" bemäntelt. Außerdem spielt der Buchstabe A hier eine wesentliche Rolle. Die oben erwähnte Regel „Mache A zu O" wurde also nicht befolgt.

Was aber soll nun der aus lauter „Inneren Worten" bestehende Text eigentlich bedeuten? Dimde liest aus der Zeile „1000 Worte fließen aus meinem Mund" („aus" holt er aus dem Nichts) eine Bestätigung der Tatsache heraus, dass die *Centurien* ungefähr aus 1000 Vierzeilern bestehen (es existiert eine unübersehbare Fülle von Nostradamus-Ausgaben, viele davon auch mit weniger beziehungsweise zusätzlichen Versen, deren Ursprung nicht immer klar ist) – wobei allerdings zu fragen wäre, warum „Worte" in Wahrheit „Verse" bedeuten soll. Ähnlich phantasievoll sind auch Dimdes weitere Schlussfolgerungen.

Um die Mehrdeutigkeit zu reduzieren, habe Nostradamus bestimmte Signalwörter eingebaut, will Dimde weiter herausgefunden haben: „Immer dann, wenn es zwei Möglichkeiten der Wortbildung gibt, und die sind reichlichst vorhanden, hat Nostradamus einen Stopp eingebaut. Und zwar lobt er seinen Decodierer mit Worten wie: Du Löwe, Held, Juch-He..." In den Kommentaren zu obiger Übersetzung interpretiert unser „Held" oder „Juch-He" Dimde das einzeln stehende Wort „Strahle" (rad oder rada) als solch ein Lob für zutreffende Wortbildung. Da aber keinerlei Prinzip der Wortbildung erkennbar ist, kann „rad" oder „rada" immer aus der Buchstabenkette herausgepickt werden, und zwar völlig unabhängig davon, ob die vorherige Wortbildung richtig oder falsch war.

„Wenn man bedenkt, dass viele Geheimcodes oder alte und unbekannte Schriften durch den Einsatz von Computern entschlüsselt wurden, so erscheint Dimdes Weg zunächst recht vielsprechend", resümiert Volker Guiard. „Nach dem Lesen seiner Bücher werden diese Hoffnungen aber arg enttäuscht." Auf seinen Internet-Seiten stellt Dimde weitere willkürlich erdachte „Entschlüsselungsmethoden" vor, die man dort ironischerweise unter der Rubrik „Geheimnisse" findet. Und das sind sie auch wirklich – nämlich seine eigenen.

Natürlich hat Dimde auch die richtige zeitliche Abfolge der Quartains herausgefunden, und zwar aus dem „Buch der Anweisungen", das Nostradamus uns hinterlassen haben soll. Im Vorwort der *Centurien* an seinen Sohn César und in der Epistel (einem Brief an Heinrich II.), also

gewissermaßen in den Prosa-Texten, finden sich lateinische Zitate, die
wohl eher Nostradamus' Gelehrsamkeit demonstrieren sollen, als dass
sie irgendwelche Geheiminformationen enthalten. Einige Zitate sind
wörtlich der lateinischen Bibelversion, der Vulgata, entnommen; einige
weitere ähneln bestimmten Bibelversen und stammen vermutlich aus
einer anderen Bibelversion. Dimde behauptet nun, dass Nostradamus in
den lateinischen Einsprengseln seinen „Zeitschlüssel" versteckt habe.
Die Gesamtheit dieser Zitate nennt er daher „Buch der Anweisungen".

„Es ist kaum anzunehmen, dass die Bibel-Autoren darauf geachtet haben, dass man ihren Texten den später von Nostradamus verwendeten
Zeitschlüssel entnehmen kann", amüsiert sich Guiard über derlei Spekulationen. Doch Dimde beharrt: „Wir wissen, dass der vorliegende französische Text verschlüsselt ist. Folglich kann nur im nicht-französischen
Text der Schlüssel für den französischen Text enthalten sein, denn einen
Schlüssel in einem verschlüsselten Text zu verstecken, wäre nicht sinn-
voll."

Auf das (selbst kreierte) „Buch der Anweisungen" wendet Dimde
nun seine „Inneres-Wort"-Methode an – anscheinend ohne zu merken,
dass er damit logisch betrachtet den Text nicht ent-, sondern im Gegenteil verschlüsselt. Denn angeblich handelt es sich bei der Vorlage ja um
Klartext. Mithin tut Dimde bei Licht besehen nicht viel mehr, als den
angeblichen „Anweisungen" des Nostradamus seinen selbst erdachten
Schlüssel einfach aufzuzwingen. Und wie bei einem Rohrschach-Test
mit Buchstaben anstatt mit Tintenklecksen erblickt er natürlich prompt
das Ersehnte darin, nämlich den „Zeitschlüssel" des Propheten. Außerdem verwendet er bei diesem „Buch der Anweisungen" seine „Innere
Wort"-Methode besonders willkürlich, nämlich mit Überlappungen, wie
oben an der Zeichenkette MNOSTRADAMUSSUMADARTSONM demonstriert wurde. Diese Kette ist nämlich die erste Zeile des „Buches
der Anweisungen".

Dieser stellt sich zunächst überraschend simpel dar: Vers V, 55
kennzeichnet 1555, das Jahr der Erst-Veröffentlichung der *Centurien*.
Die weiteren Verse werden nun einfach den weiteren Jahren zugeordnet,
also V, 56 = 1556 oder IX, 98 = 1998. Analog wird jeder Centurie ein
Jahrhundert zugeordnet. So entspricht zum Beispiel die Centurie VIII
den Jahren 1800 bis 1899. Nach der zehnten Centurie geht es mit der
ersten weiter, also I, 1 = 2101, womit man zum Beispiel mit dem Vers
V, 54 das Jahr 2554 erhält. Den hundertsten Vers einer Centurie interpretiert Dimde jedoch als Anfangsvers des Jahrhunderts. So entspricht

IX, 100 nicht dem Jahr 2000, sondern 1900. Seine diesbezügliche Willkür kleidet Dimde in das bekannte Sprichwort, nach dem der Letzte eben der Erste sein werde. Dann aber wird's kompliziert: Nachdem man im Jahr 2554 bei dem Vers V, 54 angelangt ist, geht es wieder mit V, 55 weiter, wobei aus diesem nun rückwärts „Innere Worte" herauszulesen seien. Den so erhaltenen Inhalt schreibt Dimde dem Jahr 2555 zu. In diesem Sinne geht es nun mit rückwärts gelesenen Versen durch alle *Centurien*, bis man im Jahr 3554 wieder bei Vers V, 54 ankommt. Kurz gesagt: Durch Rückwärtslesen und Anwendung der Übersetzungsmethode des „Inneren Wortes" erhält jeder Vers eine Mehrfach-Bedeutung, die jeweils 1000 Jahre später anzusiedeln ist. Verwirrend? Kaum nachvollziehbar? Kein Wunder. Denn: „Es gibt keinen 'Schlüssel' zu Nostradamus!", ist der bekannte Psi-Forscher und Sachbuchautor Elmar Gruber überzeugt: „Alle Anstrengungen, nach einem solchen zu suchen, sind ein nutzloses Beschäftigungsprogramm für Phantasten."

Würde der Dimdesche Zeitschlüssel ins rostige Schlüsselloch des Tors zur Zukunft passen, ergäbe sich folgende Zuordnung:

Verse ohne Verschiebung	gemäß Dimdes Zeitschlüsselkorrektur verschobene Verse des Blocks B	zugeordnetes Jahr (vorwärts gelesen)	zugeordnetes Jahr (rückwärts gelesen)
I,1 bis I,99		2101 bis 2199	3101 bis 3199
I,100		2100	3100
II,1 bis II,99		2201 bis 2299	3201 bis 3299
II,100		2200	3200
III,1 bis III,53		2301 bis 2353	3301 bis 3353
III,54 bis III,99	keine Verse	2354 bis 2399	3354 bis 3399
III,100	kein Vers	2300	3300
IV,1 bis IV,5	keine Verse	2401 bis 2405	3401 bis 3405
IV,6 bis IV,99	III,54 bis IV,47	2406 bis 2499	3406 bis 3499
IV,100	IV,48	2400	3400
V,1 bis V,54	IV,49 bis V,2	2501 bis 2554	3501 bis 3554
V,55 bis V,99	V,3 bis V,47	1555 bis 1599	2555 bis 2599
V,100	V,48	2500	3500
VI,1 bis VI,99	V,49 bis VI,47	1601 bis 1699	2601 bis 2699
VI,100	VI,48	1600	2600
VII,1 bis VII,42	VI,49 bis VI,90	1701 bis 1742	2701 bis 2742
[VII,43 bis VII,99]	VI,91 bis VII,47	1743 bis 1799	2743 bis 2799
[VII,100]	VII,48	1700	2700

IIX,1 bis IIX,99	1801 bis 1899	2801 bis 2899
IIX,100	1800	2800
IX,1 bis IX,99	1901 bis 1999	2901 bis 2999
IX,100	1900	2900
X,1 bis X,99	2001 bis 2099	3001 bis 3099
X,100	2000	3000

Ausgerechnet von der renommierten *Stichwort*-Taschenbuchreihe des Heyne-Verlags müssen wir uns im Band „Stichwort Nostradamus" belehren lassen, dass das Dimdesche Entschlüsselungssystem „für den Außenstehenden jederzeit logisch und vor allen Dingen überprüfbar" sei.

Doch selbst wenn man sich entschließen könnte, dem Autor von „Stichwort Nostradamus" zu folgen und den obigen Schlüssel als das „derzeit geschlossenste System" zu beklatschen – was nützt diese formale Geschlossenheit, wenn der Schlüssel absolut nichts mit den tatsächlichen Absichten von Nostradamus zu tun hat? Und so muss sich Dimde Kritik nicht nur von Skeptikern, sondern auch von anderen Nostradamisten gefallen lassen: „Heute jedoch lässt sich bereits das Schlussurteil fällen", richtet der Autor Armin Risi auf seiner Internet-Seite über Kollege Dimde. „Die sensationellen Entschlüsselungen sind falsch, ja sogar lächerlich und irreführend." Sodann zitiert Risi genüsslich aus Dimdes Nostradamus-Jahrbüchern:

1993: Das Jahr des Bösen – Chemischer Krieg in bzw. um Israel. Eskalation der Probleme im Nahen Osten.

1994: Das Jahr des Umbruchs – Der Krieg in Nahost geht weiter, nachdem Israel den Islam schwer verletzt hat.

1995: Das Jahr der Kirche – Ein neuer Papst wird gewählt, der aus Mailand kommt. In Mailand findet auch eine wichtige Gerichtsverhandlung statt.

1996: Das Jahr der Waffen – Ein neuer geistiger Führer macht die Situation im Nahen Osten besonders gefährlich.

1997: Das Jahr der Sterne – Drei Gruppen von Kriegsschiffen formieren sich zu einer Seeschlacht. Der zweite Teil des Verses deutet auf eine sehr erfolgreiche neue Weltraumexpedition hin.

1998: Das Jahr der Strahlen – Nostradamus warnt hier vor einer großen Atomkatastrophe in Lyon. Außerdem zweite Heirat von Prinz Charles.

1999: Das Jahr des Rücktritts – Das Ende der sowjetischen Zentralgewalt.

2000: Das Jahr der Supermacht – Die USA bauen ihre Vormachtstellung weiter aus, die sie insgesamt 300 Jahre lang werden halten können.

Rechtzeitig zum Jahr 2000 brachte Dimde neben seinem üblichen Nostradamus-Jahrbuch übrigens auch den Wälzer *Das Siegel des Nostradamus* heraus. Darin gibt der Computer-Spezialist nicht nur die x-te „ultimative Deutung" des Propheten zum Besten, sondern auch eine filmreife Verschwörungstheorie: Nostradamus' Weissagungen soll es laut Dimde auch in einer unverschlüsselten Version gegeben haben. Der Seher sei nämlich ein Top-Agent des Vatikan und mithin sowohl dem Papst wie auch dem französischen Königshaus gegenüber „zum Klartext verpflichtet" gewesen. Ein Exemplar soll sich im Besitz des katholischen Franziskaner-Ordens befinden, dem Nostradamus selbst angehört habe. Auch bei der Verschlüsselung seiner Texte hätten ihm die frommen Gottesmänner hilfreich zur Seite gestanden. Ein zweites unverschlüsseltes Exemplar soll über den französischen Hof an den Gründer des britischen Geheimdienstes, Francis Walsingham, gekommen sein. Der wiederum habe den Dichter und Secret-Service-Agenten Christopher Marlowe damit beauftragt, Nostradamus' Prophezeiungen in Form von Theaterstücken an die Öffentlichkeit zu bringen. Das tat dieser auch – und zwar unter dem Namen William Shakespeare. Manfred Dimde versteht sich selbst als „Grenzwissenschaftler". Fragt sich nur, an der Grenze wohin? Ach ja, den Dritten Weltkrieg datiert Dimde auf das Jahr 2011.

„Üblicherweise", kommentiert die Schweizer *Evangelische Informationsstelle Kirchen – Sekten – Religionen* der Landeskirche Kanton Zürich, „verheißen Nostradamus-Exegeten für die dem Erscheinen ihrer Bücher folgenden Jahre ungewöhnliche Schrecknisse, die sich dann aber glücklicherweise nicht bestätigen. Insofern muss die Nostradamus-Exegese der letzten zwei Jahrzehnte als verhängnisvolle und grundlose Panikmache bezeichnet werden. Dass aus Nostradamus eine Erkenntnis der Zukunft nicht zu gewinnen ist, belegen diese Beispiele schlagend. Nostradamus' angebliche Auskunft, dass er seine Verse verschlüsselt habe, unter anderem um Frauen und Kinder vor der grausamen Wahrheit zu schützen, mag nach seinem eigenen Empfinden richtig gewesen sein. Die Wirkung ist aber genau die umgekehrte: Die Leserschaft wird immer wieder grundlos in Panik versetzt. Dass Nostradamus diese Wirkung nicht vorausgesehen hat, stellt dem Seher kein gutes Zeugnis aus." Schon der Nestor der deutschen Parapsychologie, der 1992 gestorbene Freiburger Professor Hans Bender, schalt die Katastrophen-Kursbücher der Nostradamisten „illusionär und verantwortungslos". (Bender, 1984) Eberhard Bauer vom Freiburger Institut für Grenzgebiete der Psychologie und Psychohygiene ergänzt: „Das Wunder bei Nostradamus ist nicht sein Text, sondern die Auslegekunst seiner Erklärer." (Bauer, 1995)

Eine weitaus zielführendere Methode der Nostradamus-Deutung stellt der Autor Franz-Josef Huainigg in seinem seltsamen Buch *Heiler und Prophet* vor. Er bevorzugt nämlich die direkte Kommunikation mit dem legendären Renaissance-Propheten:

Als ich beim Mittagessen Paulussen gegenüber sitze, fällt mir ein, dass an diesem Tisch möglicherweise auch Nostradamus sitzt. Paulussen glaubt, dass er eine Teilinkarnation von Nostradamus sei. Im Frühjahr, während unserer Gespräche in Tirol, haben er und ich es erfahren. (Huainigg, 1993)

Hans-Peter Paulussen bezeichnet sich selbst als „Seher" und „Medium". In Trancezustand will er Botschaften aus dem Jenseits empfangen. Huainigg gab sich zunächst skeptisch und zog einen Experten, einen gewissen Dr. Hochenegg, zu Rate:

Huainigg: Woher weiß Paulussen genau, dass in ihm Nostradamus steckt? Sie haben ihm diese Information gegeben?

Dr. Hochenegg: Als Paulussen einmal bei mir in Mils in meinem Haus war, hat er gesagt, zu diesem und jenem Datum wird ein Bergsturz stattfinden und diese Gegend verwüsten – Ich habe gespürt, dass Nostradamus in ihm steckt. Denn ich kenne alte Kupferstiche, auf denen Nostradamus abgebildet ist. So habe ich zu Peter gesagt: „In dir ist Nostradamus." Das wollte er zuerst nicht glauben. Dann habe ich gesagt: „Manchmal hast du eine Ausdrucksweise gewählt, in der altfranzösische Reste vorhanden sind, Grammatik oder Syntax, als ob ein alter Mann aus dir sprechen würde, der vor einigen Jahrhunderten gelebt hat. Peter war das noch gar nicht aufgefallen.

Außer mit Nostradamus pflegt Paulussen zum Beispiel mit dem unter nie geklärten Umständen verstorbenen Ex-Ministerpräsidenten Uwe Barschel innigen Kontakt, der ihn regelmäßig bestürmt: „Ich möchte dich, Peter, noch einmal bitten, gib das weiter: Ich wurde ermordet!" Aber nur der große Nostradamus kann „jederzeit in meinen Körper hineinfahren oder mich wieder verlassen. Das ist eine Teilinkarnation. Er kommt in meinen Körper, spricht, handelt, wie auch immer, und geht dann wieder." Und was hat der Prophet aus der frühen Neuzeit zu verkünden? Nichts weniger als etwa die „tiefere/geistige" Ursache der Immunschwächekrankheit Aids:

Die Ursache dieser Krankheit ist bedingt durch eine sehr, sehr große Unhygiene im geschlechtlichen Leben unter euch Menschen. Hier ist die

Ursache begraben im Erregertum des Blutes, bedingt durch einen Virus, der sich durch eine Übertragung im Blute befindet. Die ersten Anzeichen dieser Krankheit gab es bei euch schon Anfang dieses Jahrhunderts. Diese Krankheit wurde als Blutkrankheit schlechthin von der Wissenschaft abgetan. Einige Wissenschaftler, die sich sehr intensiv mit dieser unbekannten Blutkrankheit beschäftigten, waren sich schon damals einig, dass diese Krankheit zu einer Seuche sich ausbreiten wird. Ich bezeichnete es damals, zu meiner Zeit, als Seuche für das 20. Jahrhundert. Wie ich euch schon sagte, wie ich dir schon sagte, mein lieber Freund, ist diese Seuche, die euch heimgesucht hat, bedingt durch euer unersättliches, unstetiges, unüberlegtes, sittliches Verfehlen und Verhalten. Sicherlich wird es der Wissenschaft wieder einmal gelingen, gegen diese Seuche ein Mittel zu finden. Aber lange wird es dauern. Dieses Mittel wird nicht mehr den Einsatz finden, den es schon vorher gebraucht hätte. (Huainnig, 1993)

Es mögen die Leser selbst entscheiden, inwieweit es für diese Weisheiten eines Propheten bedarf. Und selbst wenn Hans-Peter Paulussen subjektiv ehrlich agieren sollte – hinter den „Botschaften" von sogenannten Volltrance- oder Channeling-Medien verbergen sich wenig mehr als unterbewußte, verdrängte oder abgespaltene Anteile des eigenen Seelenlebens. „Abgesehen von pathologisch verworrenen Ergüssen lässt sich auch den etwas sinnfälliger vorgetragenen Jenseitsbotschaften keinerlei höhere oder außergewöhnliche Einsicht entnehmen", hat der Münchner Psychologe Colin Goldner festgestellt. Das „Medium" hält in aller Regel den Rapport zu einer Verbindungsperson aufrecht, deren Suggestionen leicht aufgenommen und in die jeweiligen Phantasiekonstrukte eingebaut werden. (Harder, 1999)

„Ich könnte dir noch auf so viele Fragen eine Antwort geben", spricht also Nostradamus alias Paulussen, „aber was soll es, wenn ich dir all diese Dinge erzähle. Der Mensch wird es nicht wahrhaben wollen, er wird es auch nicht begreifen können". Das könnte natürlich auch sein.

Kapitel 4
Die Quartains: Die Zukunft liegt in der Gegenwart

„Obskur bis zur Unverständlichkeit", „chaotisch", „verdreht" seien die *Centurien* – urteilen nicht etwa Skeptiker, sondern ausgewiesene Nostradamus-Fans wie der französische Autor Peter Lemesurier. Manche Interpretationen gleichen „geistigen Akrobatenstücken", weiß auch der Apokalyptiker Alexander Tollmann in seinem Bestseller *Das Weltenjahr geht zur Neige* (siehe auch Kapitel 6). Dennoch verwahrt sich der ehemalige Geologe entschieden gegen die Möglichkeit, der „nur mit Einstein vergleichbare Heroe der Propheten" sei vielleicht gar kein Seher gewesen. Tollmann: „Auf dieser Basis ist natürlich eine seriöse Stellungnahme zur Millenniumsangst unmöglich!" Wirklich? Oder muss sie im Gegenteil gerade hier ansetzen? „Wie oft hört man, dass Nostradamus Hitler vorausgesehen hätte. Doch Hitler in den Quartains wird mit 'Hister' wiedergegeben, eigentlich ein Flussname", wundert sich eine unvoreingenommene Journalistin in einem Beitrag für die *Abendzeitung* München. Hat Nostradamus diesen Fluss gekannt? Und macht „Hister" = Fluss in dem konkreten Vierzeiler genauso viel oder gar mehr Sinn als die Lesart „Hitler"? Schauen wir einfach nach. Und beginnen wir mit dem berühmten 1999er-Vers.

Selbstverständlich bleiben auch die unaufgeregten Nostradamus-Deutungen der Skeptiker letztendlich spekulativ. Aber sie orientieren sich immerhin an nachweisbaren historischen Fakten statt an Illusionen und Wunschdenken. Und sie genügen immerhin einem fundamentalen Prinzip jedweder Wissenschaft: dem so genannten Ockhamschen Rasiermesser (nach dem englischen Philosophen und Logiker William von Ockham), das simpel formuliert lautet: Die naheliegendste Lösung ist oftmals auch die beste.

Weltuntergang 1999?

X,72:
L'an mil neuf cens nonante neuf sept mois,
Du ciel viendra un grand roy d'effrayeur:
Resusciter le grand Roy d'Angolmois,
Avant après Mars regner par bon heur.

Im Jahr neunzehnhundertneunundneunzig, im siebten Monat,
wird vom Himmel ein großer König des Schreckens kommen,
um den großen König des Angoumois wiederauferstehen zu lassen.
Vor und nach einem Krieg wird er mit Erfolg regieren.
(Pfändler, 1997)

„Wer oder was ist der große Schreckenskönig?" fragte sich angesichts dieses düsteren Nostradamus-Verses nicht nur Elizabeth Teissier in ihrer Orakel-Postille *Schicksalsjahr 1999.* Sogar die seriöse Presse ließ sich vom Endzeit-Fieber anstecken und erzitterte wohlig vor „jeder Menge Schreckensszenarien", die der Renaissance-Prophet angeblich für den Sommer 1999 ausgemalt habe (vgl. z.B. *Neue Presse Hannover* vom 13.7.99). Beim Weltanschauungsbeauftragten der Diözese Fulda, Ferdinand Rauch, erkundigten sich zahlreiche verunsicherte Anrufer, ob „wirklich die Welt untergeht". Der „große Schreckenskönig" werde von vielen als Zeichen für die Apokalypse oder den Dritten Weltkrieg gewertet, stellte auch die Leiterin des Nostradamus-Museums in Salon-de-Provence, Jacqueline Allemand, aufgrund vieler Anfragen fest. Schon ein Vierteljahrhundert zuvor, 1974, hatten die Produzenten eines billigen japanischen Science-fiction-Schockers ihre Zelluloid-Leiche „Weltkatastrophe 1999" betitelt. In dem Trash-Streifen geht es um einen besorgten Professor, der ebenso vehement wie vergeblich vor dem Öko-Kollaps warnt und dabei ständig unheilkündende Nostradamus-Verse vor sich hin raunt.

„In allen Ländern leiten Nostradamus-Experten aus Vers X, 72 den von Nostradamus angekündigten Weltuntergang ab", ärgerte sich ausgerechnet Manfred Dimde über die Doomsday-Lyrik seiner Kollegen. Er selbst verlegte die Erfüllung des berüchtigten Quartains erst „in die Zeit nach dem nächsten Millenniumswechsel, also in das 4. Jahrtausend christlicher Zeitrechung" – sei es aus echter (wenn auch rein subjektiver) Einsicht oder schlicht aus geschäftstüchtiger Berechnung: Schließlich war zu jenem Zeitpunkt Dimdes *Nostradamus-Jahrbuch 2000* mit den „aktuellen Prognosen" für das Jahr danach längst im Druck.

Alles wie gehabt also: Nicht einmal im Angesicht des drohenden Armageddon zeigen sich die Nostradamisten in der Interpretation der Details seiner Vision der Apokalypse einig, wundert sich der Oxford-Theologe Damian Thompson: „Die Interpretationen von X, 72 reichen von vagen Behauptungen, 1999 werde ein Wendepunkt der Geschichte sein, bis zu festen Voraussagen, die das Weltende für den Juli ankündigen." Allerdings muss sich auch Skeptiker Thompson den Vorwurf einer recht merkwürdigen Übersetzung des Vierzeilers gefallen lassen:

Im Jahr 1999, im siebenten Monat,
wird vom Himmel kommen ein großer König des Schreckens,
zurückbringen den großen Mogulkönig,
bevor und nachdem Mars regiert. (Thompson, 1997)

In der deutschen Übersetzung des Buches von Jean-Charles de Fontbrune lesen wir unter der Überschrift „Luftangriff auf Frankreich im Juli 1999":

Im Juli (dem siebenten Monat des Jahres) 1999
wird ein mächtiger Schreckensherrscher über den Himmel (auf dem Luftweg) kommen,
um den großen Eroberer des Angoumois wiedererstehen zu lassen.
Davor und danach wird Krieg herrschen, zum Glück. (Fontbrune, 1982)

N. Alexander Centurio bringt unter der Zeile „11. August 1999 (nach dem Gregorianischen Kalender)" folgende, von obiger gänzlich abweichende Fassung:

Im Jahre 1999 im siebenten Monat (julianischen Kalenders)
Wird am Himmel ein großer Schreckenskönig (die größte Sonnen-finsternis unseres Jahrhunderts) erscheinen:
Er wird auferstehen lassen den großen König von Angoulême (französische Königsstadt).
Vor und nach einem Weltkrieg (Mars) wird er aufgrund seines guten Horoskops regieren. (Centurio, 1981)

Ganz ähnlich übersetzt Kurt Allgeier:

Im Jahr 1999, im siebten Monat,
kommt vom Himmel ein großer Schreckenskönig.
Er wird den großen Herrscher von Angoulême zur Macht bringen.
Vor und nach einem Krieg wird er zu guter Stunde regieren.
(Allgeier, 1999)

Elizabeth Teissier zitiert in ihrem Jahrbuch eine andere Variante, die die Reihenfolge König-Mars/Krieg umkehrt und das „Regieren" wieder auf Mars bezieht:

Im Jahr 1999 und sieben Monate
wird ein großer Schreckenskönig vom Himmel herabsteigen,
wird wieder auferstehen der große König von Angolmois.
Mars regiert vorher und nacher durch Glück.

A. Voldben, von seinem Verlag nicht mit einem Vornamen, dafür mit einer Vita als „Spezialist auf dem Gebiet der Psychologie und der Esoterik" versehen, steuert einen weiteren Vorschlag bei:

Im siebten Monat des Jahres 1999
wird vom Himmel ein großer König des Schreckens kommen,
um den großen Hunnenkönig wiederauferstehen zu lassen,
vor und nach seiner Ankunft wird Mars glücklich regieren. (Voldben, 1982)

Beliebtheit erfreut sich auch die Gleichsetzung von „Angolmois" mit „Mongolen", womit zugleich festgelegt wird, dass die Gefahr aus dem russischen/asiatischen Raum droht. So zum Beispiel in dem Zeitschriften-Sammelwerk *Phänomene – Die Welt des Unerklärlichen*:

Nach dem siebten Monat des Jahres 1999
wird vom Himmel der große König der Angst steigen.
Er wird den großen König der Mongolen wiederbeleben,
bevor der Mars glücklich regiert.

Regiert nun der Mars/der Krieg oder der „Roy d'Angoulmois"? Ist Letzterer eine gute Heilsgestalt oder eine gefährliche Größe? Tritt er vor oder nach dem Krieg in Erscheinung? Ist „der siebente" Monat der Juli oder der August? Fragen über Fragen. Nostradamus-Deuter Bernhard Bouvier sieht im „wohl bekanntesten Vers" seines Idols den „Zeitpunkt der Kaiserkrönung des französischen Herrschers" vorweg genommen. Denn auch aus anderen französischen Quellen sei bekannt, dass Frankreich nach dem „nächsten Krieg" am 1. Januar 1999 wieder Monarchie werde. Mithin werde der „Schreckenskönig" gar nicht 1999 erscheinen, „sondern im Jahr davor". Auch Kurt Allgeier liest aus X, 72 den „großen Augenblick der geschichtlichen Wende" heraus: Zum Augenblick der großen Sonnenfinsternis komme ein sagenumwobener Herrscher namens „Chiren" an die Macht. Vorher jedoch „wird es einen Krieg geben".

Obskurantismus-Fossil Charles Berlitz wiederum machte sich anheischig, den „Schreckenskönig" als „Hinweis auf eine Atombombe, einen Wandelstern oder einen Luftangriff" zu deuten, „wobei eine ge-

heimnisvolle Auslegung des Wortes Angolmois als 'Mongole' sogar zu
der Vermutung geführt hat, dieser Luftangriff könne von den Chinesen
kommen". (Berlitz, 1981) Ausgerechnet das Magazin *2000* des Ufologen
und Kleinverlegers Michael Hesemann bewahrte Ruhe – und wies zugleich den wohl richtigen Weg zur Deutung des Vierzeilers: „Sehr wahr-
scheinlicher aber ist, dass Nostradamus damit die große Sonnenfinsternis
meint. Da sich ausgerechnet zu dem von Nostradamus vorausberechne-
ten Datum ein ebensolches Himmelsphänomen über Europa ereignet, ist
es überflüssig, nach einer anderen Bedeutung der ersten beiden Zeilen
zu suchen."

Auch der Parapsychologe und Nostradamus-Forscher Elmar R. Gruber ist überzeugt: „Ganz offensichtlich hat Nostradamus ein astronomi-
sches Ereignis im Sinn, wenn er vom 'großen Schreckenskönig' am
Himmel spricht. Nun trifft es sich, dass am 11. August 1999 in Mitteleuropa eine totale Sonnenfinsternis stattfindet. Einem solchen Ereignis
sahen die Menschen in der Renaissance mit großer Angst vor drohendem
Unheil entgegen. Nach dem Julianischen Kalender, der zu Nostradamus'
Zeiten Gültigkeit hatte, wäre das Datum dieser Sonnenfinsternis der 29.
Juli 1999 – 'Im Jahr 1999 und sieben Monaten', wie der Prophet
schrieb." (Gruber, 1999)

Hat Nostradamus also doch die Zukunft vorausgesehen? Nicht unbedingt. Schon in der babylonischen Zeit waren die Perioden, in denen
sich totale Sonnenfinsternisse wiederholen, gut bekannt. Den Sternkun-
digen standen viele Berichte über Finsternisse zur Verfügung, die jeweils in Gruppen von 18 Jahren geordnet werden konnten. Nach 18
Jahren – genauer: nach 18 Jahren und 11 Tagen, das sind 223 synodische
Monate – wiederholt sich in etwa der Reigen der Sonnen- und Mondfinsternisse. Dieser Zyklus war schon frühzeitig bekannt, und bis heute
trägt er den aus der damaligen Zeit stammenden Namen „Saros-Zyklus".
(Kippenhahn/Knapp, 1999) Die Vorausberechnung der Zeit, wann eine
Finsternis stattfindet, war also mit Hilfe der Saros-Zyklen auch Nostradamus möglich – was ohne Computer und ohne Präzisionsinstrumente
fraglos eine bewundernswerte mathematische Leistung darstellt. Nur:
Mit dem, was die Parapsychologie „Präkognition" nennt, mit „Informationen von zukünftigen Ereignissen, ohne dass die Informationen auf
normalem Weg gewonnen werden können", hat das Ganze eben nichts
zu tun.

Übrigens: Der amerikanische Schriftsteller Mark Twain lag mit seiner Datierung einer totalen Sonnenfinsternis sogar retrospektiv völlig

daneben: In einer Erzählung lässt er einen Amerikaner durch einen Blitzschlag vom Jahr 1879 ins Jahr 528 springen. Durch verschiedene Verwicklungen landet der unfreiwillige Zeitreisende im Gefängnis und wird zum Tod verurteilt. Er weiss aber, dass am 21. Juni 528 eine totale Sonnenfinsternis stattfinden wird. Durch die Vorhersage dieses Ereignisses kommt er schließlich frei. Pech für Mark Twain: 528 gab es Sonnenfinsternisse am 6. Februar, am 6. März, am 1. August und am 30. August – und auch diese waren nur partiell. Im Gegensatz zu seinem berühmten Schriftsteller-Kollegen hatte Nostradamus also zumindest sehr exakt recherchiert.

Der „große Schreckenskönig" – bloß eine totale Sonnenfinsternis? Schon im Jahr 296 gab der römische Senat die Anweisung, alle Ereignisse, die irgendwie aus dem Rahmen des Üblichen fallen, zu zählen. Der Geschichtsschreiber Livius überliefert der Nachwelt eine umfangreiche Liste: Sonnen- und Mondfinsternisse, jede außergewöhnliche Himmelserscheinung, Kometen, seltsame Wolkenformationen, Staubregen, Erdbeben, Epidemien, Statuen, die scheinbar schwitzen oder weinen, Blitze und vieles mehr. Solche Geschehnisse werden als göttliche Zeichen und Warnung gedeutet und mit dem lateinischen Ausdruck „Prodigien" belegt, was soviel heißt wie „zeigen" oder „auf etwas hindeuten". Im 16. Jahrhundert entdeckt das Volk die antiken Prodigien plötzlich wieder; selbst Bischöfe fühlen sich nicht wohl in ihrer Haut, wenn irgendwo die Geburt eines missgestalteten Kindes oder eines monströs verwachsenen Tieres bekannt wird. Wie groß nun die Furcht bei Sonnenfinsternissen bis in die Neuzeit hinein war, führen uns zahlreiche Überlieferungen vor Augen:

Noch um die Mitte des vorigen Jahrhunderts packte die Münchener Angst und Entsetzen vor der Sonnenfinsternis am 28. Juli 1851. Man glaubte allgemein an den Untergang der Welt, phantasierte von einem Durchbruch des Wallersees und dem Hereinbrechen einer Sintflut. Es hieß, dass Sonne und Mond miteinander zu raufen begännen. Manch braver Münchener machte schleunigst sein Testament. (Drößler, 1999)

Auch zu Nostradamus' Zeiten gehörte eine Sonnenfinsternis mithin zu jenen himmlischen Fingerzeigen, die Unheil, mindestens aber umwälzende Ereignisse ankündigen sollten. Die Wortwahl vom „Schreckenskönig" entspricht somit ganz und gar dem Duktus des Spätmittelalters.

Und der mysteriöse „König von Angolmois" in der dritten Zeile von X, 72? Natürlich kann man mit einiger Phantasie „Mongole" heraushören oder -lesen („Mogul" oder gar „Hunnen" schon weniger). Zu denken sollte allerdings geben, dass das heutige Departement Charente früher „Angoumois" hieß, mit der Stadt Angoulême als Zentrum, aus der wiederum das Adelsgeschlecht derer von Angoulême-Valois hervorging – just jenes Herrscherhaus, das Mitte des 16. Jahrhunderts den von Nostradamus verehrten König von Frankreich, Heinrich II. (Gemahl von Katharina von Medici), stellte. Ein „giftiger Anti-Republikaner", wie das Nachrichtenmagazin *Der Spiegel* 1981 in einer Titelgeschichte wähnte, mag Nostradamus wohl nicht gewesen sein; fraglos aber teilte er die Hoffnung vieler Zeitgenossen seiner „von epidemischen Krankheiten, unberechenbaren Kriegen und der Heiligen Inquisition bis an den Rand des Wahnsinns verängstigten Epoche" (*Spiegel*) auf den Sieg eines künftigen großen Monarchen.

Nostradamus folgt hier lediglich einer uralten prophetischen Tradition, die bis in das frühe Judentum zurückreicht und die fest an ein irdisches Königreich Gottes glaubt. Im Laufe der Jahrhunderte richten sich diese Erwartungen immer mehr in die Zukunft, etwa auf die Jahre 1000 oder 2000 nach Christus. (Skinner, 1995) Gewaltigen Auftrieb erfährt diese Konzeption durch Joachim von Fiore (etwa 1135 bis 1202), ein Zisterziensermönch aus Kalabrien mit mystischer Veranlagung. Joachim nimmt sich in einem Zeitalter einzigartiger Krisen wahr und ist überzeugt, dass der Antichrist bald erscheinen werde. Dessen Niederlage indes soll den Übergang in ein neues historisches Zeitalter markieren, in dem eine geläuterte Kirche die vollkommene Gesellschaft bildet. Noch bis über Nostradamus' Lebzeiten hinaus sind die Geistlichkeit und die Gelehrten vom Wunsch nach einer tiefgreifenden Reform von Kirche und Kaisertum erfüllt, die ihnen am Ende in übernatürlicher Wahl einen „pastor angelicus" auf den Stuhl Petri und zugleich einen weisen Herrscher über das gesamte Universum in einer goldenen Dekade des Friedens einsetzt. Dieser prophetische Mythos kursiert im 15. Jahrhundert auch in England, wo die Wiederkehr von König Artus geweissagt wird. Im Heiligen Römischen Reich deutscher Nation verkündet 1409 ein Text mit dem Titel „Gamelon", dass ein Deutscher die Franzosen schlagen, als Kaiser den Thron besteigen, die Kirche reformieren und den Papst in Mainz einsetzen werde.

Statt den Weltuntergang oder jedenfalls eine globale Katastrophe anzukündigen, bündelt Nostradamus in seinem berühmten Vers X, 72 lediglich Ängste und Erwartungen seiner eigenen Gegenwart, die er in eine unbestimmte Zukunft projiziert. Die konkrete Jahreszahl 1999, nahe am heraufdämmernden dritten Jahrtausend, ist nur als Symbol für die von ihm erhoffte Zeiten-Wende zu lesen.

„Was geschieht, wenn im Sommer 1999 nichts Signifikantes passiert?" fragte vorausblickend Georg Otto Schmid von der *Evangelischen Informationsstelle Kirchen – Sekten – Religionen* schon im Februar des angeblichen Schicksals-Jahres. „Hat Nostradamus damit ausgedient?" Schmid gab sich die Antwort selbst: „Wohl kaum. Zum einen werden sich im Sommer 1999, weltweit gesehen, einige lokale Ereignisse ergeben, die in Ermangelung globalen Geschehens als Erfüllung von X, 72 gelesen werden könnten [so das Erdbeben in der Türkei; Anm. des Autors]. Vielleicht ist der 'Roy d'Angolmois' der neue Maire einer Kleinstadt, und hat es nicht vor dessen Wahl einen hitzigen Wahlkampf gegeben, der als 'Mars' interpretiert werden könnte? Zum anderen könnten die Anhänger derjenigen Richtung unter den Nostradamus-Experten, die dem Text einen ganz anderen, kryptischen Sinn unterschieben, Aufwind erhalten. Mit Buchstabenzähl- und -tauschmethoden kann jede unerfüllte Prophezeiung gerettet werden."

Im Gegensatz zu den Deutungen der Nostradamisten hat sich Schmids Prophezeiung erfüllt. „Nostradamus – heute so aktuell wie nie zuvor!?" preist die VPM-Verlagsunion marktschreierisch ihren Nostradamus-Kalender 2000 an: „Gerade in jüngster Zeit sind wieder mehrere Bücher erschienen, die sich mit den Prophezeiungen des großen Mannes auseinandersetzen..." Er ist einfach in.

Das einzige Rätsel um Nostradamus und das Jahr 1999 ist ein ganz anderes: Wieso kamen weder seine Fans noch seine Kritiker auf die naheliegende Idee, einfach die übrigen sieben konkreten Jahreszahlen in den *Centurien* zu überprüfen? Dabei hätten sie folgendes herausgefunden:

I, 49:

Beaucoup avant telle menees,
Ceux d'Orient par la vertu lunaire:
L'an mil sept cens feront grand emmenées,
Subiuguant presque le coing Aquilonaire.

Lange lange vor solchen Machenschaften
werden die aus dem Orient mit der Kraft des Mondes
im Jahr 1700 große Beute machen
und fast die nördliche Ecke unterwerfen. (Pfändler, 1997)

Die Nostradamisten beziehen diesen Vers auf den Vormarsch der Osmanen Ende des 17. Jahrhunderts. Kurt Allgeier: „1684 standen die Türken vor Wien. Die Expansionsbestrebungen des Islam dauerten ziemlich genau bis zum Jahr 1700." Kleiner Schönheitsfehler: Aus der *Chronik der Weltgeschichte* erfahren wir, dass am 11. September 1697 das osmanische Heer in einer blutigen Schlacht bei Zenta an der Theiß vernichtend geschlagen wurde, mit Verlusten von etwa 25.000 Mann. Im zwei Jahre später geschlossenen Frieden von Karlowitz verlor das Türkische Reich den Großteil seiner Territorialgewinne nördlich des Balkans. Und von einer anderen Eroberung des Nordens in jener Zeit ist in den Geschichtsbüchern nichts zu finden.

III, 77:

Le tiers climat sous Aries comprins,
L'an mil Sept cens vingt & sept en Octobre.
Le Roy de Perse par ceux d'Egypte prins:
Conflit, mort perte à la croix grand opprobe.

Die dritte Klimazone unter dem Zeichen Widder
wird es im Jahre 1727 im Oktober verstehen.
Der Herrscher von Persien ist in der Hand der Ägypter.
Krieg, Tod, Verlust. Große Schande für das Kreuz. (Allgeier, 1999)

„Ein sehr bezeichnender und wichtiger Vers", kommentiert Kurt Allgeier, „in dem Nostradamus einmal mehr das Abendland und seine unbedachte Politik für die heutige Situation verantwortlich macht: Im Oktober 1727 besiegte das Osmanische Reich, zu dem Ägypten damals gehörte, den letzten Safawiden Hosain. Damit war die persische Dynastie am Ende. Sehr intensiv hatten sich die Perser zuvor um engere Beziehungen und Hilfen aus Europa gegen die Türken bemüht, die im Westen bereits keine große Rolle mehr spielten. Doch den europäischen Staaten war Persien zu unbedeutend. Aus jener Zeit resultieren viele iranische Mimositäten gegenüber Europa. Die dritte Klimazone ist der Herbst." Ein Triumph für Nostradamus? Allenfalls ein Versuch, Verdrehungen und Unwahrheiten über die Realität triumphieren zu lassen: „Auch hartnäckigstes Blättern in den Geschichtsbüchern erbringt nichts, was diesen Weissagungen auch nur annähernd entspricht", stellt Frank Rainer Scheck kurz und bündig klar: „Erstens war Hosain nicht der letzte Safawide. Zweitens war 1727 Tahmasp II. an der Macht. Drittens gab es 1727 weder einen persisch-ägyptischen noch einen persisch-türkischen Krieg, keine Gefangennahme irgendeiner Hoheit, keinen Friedensschluss." (Scheck, 1999)

VI, 2:

En l'an cinq cens octante plus & moins,
On Attendra le siecle bien estrange:
En l'an sept cens, trois & cieux en tesmoings,
Que plusieurs regnes un à cinq feront change.

Ungefähr im Jahre 580
darf man auf ein sehr fremdartiges Jahrhundert warten.
Im Jahr 703 – der Himmel bezeugt es –
werden sich viele Reiche, nämlich eins von fünf, verändern.
(Allgeier, 1999)

„Hier muss man die Zahlen ergänzen", gibt sich Allgeier gewiss. „580 = 1580: Um 1580 endete in Frankreich das Haus Valois – 703 = 1703 tobten die spanischen Erbfolgekriege. Großbritannien begann seinen großen Aufstieg, Preußen wurde zur europäischen Großmacht, mit Peter dem Großen auch Russland, und drüben in Amerika die USA." Na ja. Die USA existierten zu jener Zeit natürlich noch gar nicht. Richtig ist allenfalls, dass Zar Peter I. 1703 St. Petersburg gründete. Ansonsten mutet wohl jedes neue Jahrhundert „fremdartig" an, müssen die Menschen mit großen Veränderungen rechnen, fallen Reiche, während andere aufsteigen. Irgend etwas Spezifisches, was in diesem Vierzeiler aufscheinen könnte, findet sich in den Geschichtsbüchern weder um 580/703 noch um 1580/1703.

VI, 54:

Au poinct du jour au second chant du coq,
Ceux de Tunes, de Fez & de Bugie,
Par les Arabes captif le Roy Maroq,
L'an mil six cens & sept, de Liturgie

Bei Tagesanbruch beim zweiten Hahnenschrei
die von Tunis, von Fez und von Bougie.
Durch die Araber wird der König von Marokko gefangen.
Das Jahr eintausend sechs hundert und sieben der Liturgie
(Bouvier, 1999)

Hier erweisen sich sogar die findigsten Nostradamisten als rat-, aber keineswegs als hilflos: „Ein zukünftiges Ereignis", behauptet Bouvier in Ermangelung einer Korrelation mit den tatsächlichen Geschichtsabläufen: „Bougie liegt wie Tunis in Algerien, Fes in Marokko, nordöstlich von Casablanca. Das geschilderte Ereignis scheint völlig überraschend zu geschehen, auch von kurzer Dauer zu sein. Es ist aber dennoch ge-

schichtlich von Bedeutung, sonst hätte ihm Nostradamus keinen Vers
gewidmet." Auch Kurt Allgeier stellt fest, dass sich „im Jahre 1607
nichts Derartiges ereignet" hat. „Mit hoher Wahrscheinlichkeit" handele
es sich um ein Ereignis in naher Zukunft.

VIII, 71:

Croistra le nombre si grand des astronomes,
Chassez, bannis & livres censurez.
L'an mil six cens & sept par sacre glomes.
Que nul aux sacres ne seront asseurez.

Die Zahl der Astronomen wird so stark anwachsen,
dass man sie verjagt, verbannt und ihre Schriften zensiert.
Im Jahr eintausend sechs hundert und sieben durch heilige Bulle,
dass niemand vor dem heiligen Offizium mehr sicher ist. (Bouvier,
1999)

Endlich, möchte man ausrufen, scheint es auch den Nostradamisten zu
dämmern: „Die so genannten sechs hundert usw. Angaben, die auch in
anderen Versen gelegentlich auftauchen, sind wohl keine Jahreszahlen",
windet sich Bouvier in seiner Deutung. „Dem Versuch, sie zu deuten,
spotten sie bisher." Dennoch kann Bouvier nicht widerstehen, diesen
Quartain eben doch mit dem 17. Jahrhundert in Verbindung zu bringen,
und zwar mit der Verfolgung des italienischen Astronomen Galileo
Galilei (1565-1642) durch die Kirche.

In Wirklichkeit reflektiert Nostradamus hier eine latente Stimmung
seiner Zeit gegen die Astrologie, die er in eine unbestimmte Zukunft
projiziert. Denn noch zu Lebzeiten des raunenden Provenzalen, im Jahr
1560, ergeht in Frankreich ein königliches Edikt, wonach es „jedem
Drucker oder Buchhändler untersagt ist, irgendwelche Almanache oder
Vorherverkündigungen zu drucken oder anzubieten, die nicht zuvor vom
Erzbischof oder Bischof oder seinem Beauftragten geprüft worden sind".
(Minois, 1998) Auch in den Niederlanden verkünden die Magistrate von
Amsterdam am 15. Januar 1555: „Nachdem uns zur Kenntnis gelangt ist,
dass es Leute gibt, die so kühn sind, unseren Bürgern aus der Hand zu
lesen; dass es Wahrsager, Astrologen und andere wissbegierige Personen
gibt, die es wagen, mittels ungehöriger Praktiken, vornehmlich mit Hilfe
dieser Wahrsagung, zukünftige Dinge und die Geheimnisse der Vergangenheit zu verkünden, wodurch sie Unglauben, Empörung und Miss-
brauch in unserer guten Gemeinde hervorrufen, was weder geduldet
noch gestattet werden kann", werde ihnen ein Bußgeld von sechs Florin
auferlegt.

X, 91:

Clergé Romain l'an mil six cens & neuf,
Au chef de l'an fera election:
D'un gris & noir de la Compagne yssu,
Qui onc ne fut si maling.

Der römische Klerus im Jahre eintausend sechshundert und neun
wird in diesem Jahr ein Oberhaupt wählen.
Von einem Grauen und Schwarz der Campagna hervorgegangen,
der vorher nicht so Böses tat. (Bouvier, 1996)
Kurz vor Ende der *Centurien* kapituliert Bouvier endgültig: „Zeile 1:
Die offen geschriebenen Sechshunderter-Jahreszahlen haben schon so
manchen Neuling in Sachen Nostradamus in die Irre geführt. Es sind
jedenfalls keine Jahreszahlen der gängigen Zeitrechnung, wahrscheinlich nicht einmal Zahlen, sondern stehen für verschlüsselte Buchstaben.
Nach 600 oder 1.600 folgen stets nur ganz geringe Zahlen, meist unter
Zwanzig. Geschildert wird eine Papstwahl. Zeile 4: Der Vater scheint
ein Graukopf zu sein, die Mutter erheblich jünger. Ein guter Griff
scheint diese Wahl wohl nicht (gewesen?) zu sein." Weniger prosaisch
ausgedrückt: Nichts Genaues weiß man nicht. Und eine Papstwahl im
Jahr 1609 gab es natürlich auch nicht, denn Paul V. saß erst seit vier
Jahren auf dem Stuhle Petri und sollte dies noch weitere zwölf Jahre tun.
    Auch in der Epistel an Heinrich II. taucht eine Jahreszahl auf: „Das
Jahr wird friedlich und ohne Verfinsterung sein, und es wird der Anfang
sein, dass man das, was währen wird, versteht. In diesem Jahr beginnt
die größte Verfolgung gegen die christliche Kirche, so wie sie nicht
einmal in Affrique gemacht wurde. Und dieses wird währen bis hierher
in das Jahr 1792. Man wird glauben, dass sich das Jahrhundert in einer
Erneuerung befindet." Moderne Nostradamisten verweisen darauf, dass
am 6. Oktober 1793 der französische Konvent den Gregorianischen Kalender und die christliche Zeitrechnung durch eine revolutionäre Zeitrechnung (das Jahr I beginnt mit der Republik am 22. September 1792)
ersetzte. Das soll die angekündigte „Erneuerung" sein, die freilich 1805
schon wieder abgeschafft wurde. Doch was ist mit der Christenverfolgung? Zwar wurden die Klöster aufgelöst (jedoch schon im Februar 1790) und um den Eid, den Priester auf die neue Kirchenordnung
leisten sollten, entspann sich eine Auseinandersetzung, in deren Folge
Eidesverweigerer Repressalien ausgesetzt waren. Auf dem Höhepunkt
der Französischen Revolution wurden dann in Paris tatsächlich Kirchen
geschlossen oder der „Göttin der Vernunft" geweiht, Heiligenbilder wur-

den durch Bildnisse der „Märtyrer der Revolution" ersetzt. Doch diese Phase dauerte nur wenige Monate, 1795 erhielt die katholische Kirche die Gotteshäuser zurück. Eine generelle Verfolgung der Christen, die vergleichbar wäre mit dem Vorgehen der Inquisition gegen die Ketzer oder anderen religiösen Konflikten, kann in der antiklerikalen Haltung der radikalen Republikaner jedenfalls nicht gesehen werden.

Die Ankündigung des Renaissance-Astrologen, 1792 werde eine Entwicklung an ihr Ende kommen, die wenige Jahre zuvor beginnen soll, entspringt in Wahrheit einer weit verbreiteten Auffassung seiner Zeit. Schon 1550, fünf Jahre vor Nostradamus, schreibt der Astrologe Richard Roussat in seinem Buch *Livre de l'estat et mutation des temps, prouvant par authoritez de l'escripture saincte et par raisons astrologales, la fin du monde estre prochaine* über die „große und schreckliche Konjunktion, welche die Herren Astrologen ungefähr für das Jahr eintausend-siebenhundertneunundachtzig mit zehn saturnalen Umläufen" voraussagen: „Aus all diesen ersonnenen und berechneten Dingen schließen besagte Astrologen, wenn die Welt bis zu dieser Zeit dauere (was allein Gott weiß), auf sehr große, erstaunliche und furchtbare Veränderungen in dieser Welt, ebenso für die Sekten und Gesetze." (Minois, 1998)

Bei der Zunft der Astrologen ist das Jahr 1789 bereits Jahrhunderte vor seinem Anbruch in aller Munde, weil es sich aus der so genannten Zyklentheorie des großen Gelehrten und Theologen Pierre d'Ailly (1350-1420) errechnen lässt. In seinem Bemühen, die astrologische Auffassung einer zyklischen Zeit mit dem theologischen Glauben an den linearen Lauf der Dinge zu vermählen, glaubte d'Ailly alle bedeutenden Ereignisse der Geschichte mittels der Konjunktionen von Jupiter und Saturn datieren zu können. Für 1789 hatte Pierre d'Ailly den Antichristen angekündigt – und somit jene Christenverfolgung, die Nostradamus in seinem Brief an Heinrich II. aufgreift.

„Affrique" übrigens wird von den meisten Nostradamisten leichtfertig mit „Afrika" übersetzt; tatsächlich handelt es sich wohl um das französische Städtchen Affrique in der Nähe von Albi. Hier kam es ab 1209 zu den Albigenserkriegen, bei denen die religiöse Kraft und politische Macht der Albigenser gebrochen und die Beherrschung Südfrankreichs durch die französische Krone eingeleitet wurde. Die „Albigenser" waren identisch mit den Katharern, eine der großen religiösen Bewegungen des Mittelalters, die für eine besitzlose, unpolitische Kirche und ein apostolisches Leben stritt.

Sieben Jahreszahlen – sieben Perforationen in Nostradamus' Glaubwürdigkeit. Weshalb also die ganze Aufregung um das angebliche
„Schicksalsjahr" 1999? Wollte Nostradamus überhaupt die Zukunft
voraussagen? Widmen wir uns wieder seinen berühmtesten Versen.

Tod Heinrichs II.?

I, 35:
Le lyon jeune le vieux surmontera,
En champ bellique par singulier duelle,
Dans cage d'or les yeux luy crevera,
Deux classes une puis mourir mort cruelle

Der junge Löwe wird den alten überwinden,
auf kriegerischem Feld im Einzelstreit.
Im goldenen Käfig wird er ihm die Augen spalten,
Von zwei Flotten setzt sich eine durch, der Besiegte stirbt einen
grausamen Tod.

„Seit dieser prophetischen Glanzleistung war Nostradamus der gemachte
Hellseher", applaudiert sogar *Der Spiegel*: „Sie ist bis heute seine
astrologische Visitenkarte." Sogar nach Ansicht vieler eher kritischer
Betrachter hat Nostradamus hier bis ins Detail den Turnier-Tod seines
Königs, Heinrich II., angekündigt – vier Jahre vor dem Ereignis, das
sich 1559 zutrug. Am 1. Juli richtet Heinrich II. am Pariser Hof eine
Doppelhochzeit aus, bei der seine Tochter Elisabeth mit Philipp II. von
Spanien verehelicht wird und seine Schwester Marguerite mit dem Herzog von Savoyen. Zu den Feierlichkeiten gehört auch ein Freundschafts-
Turnier, bei dem Heinrich spaßeshalber die Lanze mit einem Haupt-
mann seiner Leibgarde kreuzt, dem schottischen Grafen von Montgomery, Gabriel de Lorges.
Auf Befehl des Königs erklangen die Trompeten, und der König ritt
erholt wieder in die Schranken. Er kam an einem kleinen Jungen vorbei,
der aus der Menge herausgelaufen war. „Sire, turniert nicht!" rief er
hinter ihm her, doch der König hörte es nicht. Unter Hufgedonner
preschten die beiden gerüsteten Pferde mit ihren bewaffneten Reitern in
vollem Galopp die Schranken entlang. Die Lanze des Königs verfehlte
ihr Ziel, und Montgomerys Lanze traf im falschen Winkel auf den Schild
des Königs. Sie splitterte, rutschte nach oben, und Montgomery, der
einen Augenblick bestürzt und betäubt war, gelang es nicht, den Stumpf
schnell genug fortzuschleudern. Der gesplitterte Lanzenstumpf traf das

sich öffnende Visier des Königs. Die Menge sah, wie der König im Sattel schwankte und dann langsam zu Boden glitt. Ein einstimmiger Aufschrei, dann Rufe: „Der König ist gefallen!" Ehe die Diener des Königs ihn umringten, um ihn von seiner Rüstung zu befreien, sah Katharina von der Tribüne aus die Vision ihres Alptraums: Das Gesicht des Königs beschmiert mit dem Blut, das aus seinem rechten Auge floss und floss. (Merkle-Riley, 1999)

Zehn Tage später stirbt Heinrich II. an dieser Verletzung. Nostradamus habe ihn während seiner Audienz bei Hofe 1556 mit eigener Zunge gewarnt, kolportieren bis heute die Nostradamisten. Mehr noch: Heinrichs Frau, Katharina von Medici, habe den Seher von Salon nur aus diesem Grund nach Paris kommen lassen:

Der König begab sich mit einem halben Dutzend seiner Herren zu seiner Gemahlin und unterhielt sich höflich mit ihr.

„Sire", sagte sie im Bemühen, ein Thema anzuschneiden, bei dem sich ihre unterschiedlichen Interessen trafen, „habt Ihr dieses eigenartige Buch mit den Weissagungen eines gewissen Doktor Nostradamus gelesen? Es enthält allerhand Merkwürdiges bezüglich der Zukunft des Königreichs." „Ich hole mir keinen politischen Rat bei selbst ernannten Weissagern", entgegnete der König. „Das war angemessen für die heidnischen Kaiser in Rom, und es hat sie ins Elend gestürzt. Wir haben das Glück, in einem christlichen Königreich zu leben."

„Aber ich habe dieses Buch hier, und es ist äußerst kurios", sagte sie und zeigte ihm eine aufgeschlagene Seite. Langsam las der König den Vers, auf den sie wies: „Le lyon jeune le vieux surmontera, En champ bellique par singulier duelle, Dans cage d'or les yeux luy crevera, Deux classes une puis mourir mort cruelle." Die Höflinge hinter ihm traten von einem Fuß auf den anderen. (Merkle-Riley, 1999)

Zweifelsohne eine Szene ganz nach dem Geschmack von Belletristik-Autoren und Astrologie-Fans. Und die historische Wirklichkeit? „Der berühmte Quartain, in dem Nostradamus vorausgesagt haben soll, dass Heinrich II. im Verlauf eines Turniers den Tod finden werde, weil eine Lanze sein Auge durchbohren würde, ist von Zeitgenossen nicht einmal wahrgenommen worden", behauptet der französische Historiker Georges Minois. Und das mit guten Gründen: Die erste schriftliche Deutung der Nostradamus-*Centurien* erscheint 28 Jahre nach dem Tod des Meisters, 1594. Verfasser von *La Première Face du Janus Francois* ist Jean-Aimé Chavigny, ein glühender Verehrer und neben Nostradamus' Sohn César der wichtigste Zeitzeuge für die Biografie des Renaissance-

Propheten. Der adelige Chavigny gab um 1553 sein Amt als Bürgermeister der Stadt Beaune auf, um bei dem „französischen Janus", wie er Nostradamus nannte, Astrologie zu studieren. Und ausgerechnet jener Jean-Aimé Chavigny liest den Tod von Heinrich II. aus einem ganz anderen Quartain heraus, nämlich aus Vers III, 30:

Celuy qu'en luitte & fer au faict bellique
Aura porté plus grand que luy le pris:
De nuict au lict six luy feront la pique,
Nud sans harnois subit sera surprins.

Jener, der im Kampf und Eisen mit kriegerischer Tat
den Siegerpreis über einen, größer als er selbst, errungen haben
wird.
Des Nachts im Bett werden ihn plötzlich sechs durchbohren,
nackt ohne Rüstung wird er plötzlich überrascht.

Und die Verwirrung geht weiter: Der Prior von Montrotier wiederum, Jean de Vauzelles, sieht das tragische Unglück in Vers III, 55 vorweg genommen:

En l'an qu'un oeil en France regnera,
La Cour sera un bien fascheux trouble,
La grand de Bloys son amy tuera,
Le regne mis en mal & doubte double

In dem Jahr, in dem in Frankreich ein Auge regiert,
wird am Hof schlimme Verwirrung herrschen.
Der Große aus Blois wird seinen Freund töten,
die Regierung wird ins Unglück gestürzt und in zweifache Besorgnis.

Hätte das Ereignis von 1559 tatsächlich dem berühmten Quartain I, 35 entsprochen, so hätte ja Nostradamus die Erfüllung seiner Prophezeiung noch erlebt. Jean-Aimé Chavigny, der voller Eifer die Gloriole seines Meisters polierte, hätte sich diese Sensation in seinen Kommentaren sicher nicht entgehen lassen. Der erste Autor, der die Beziehung zwischen dem Quartain I, 35 und dem Tod Heinrichs II. herstellt, ist Nostradamus Sohn César, und zwar in seiner 1614 veröffentlichten *Histoire et Chronique de Provence*. Nüchtern betrachtet gibt es dafür eigentlich keinen zwingenden Grund: Heinrich II. war zum Zeitpunkt seines Todes 41 Jahre alt. Von seinem Gegner Montgomery ist überliefert, dass er ungefähr gleichaltrig gewesen sei. Das exakte Geburtsdatum des Grafen ist unbekannt, allerdings führte Montgomery schon 1545, also 14 Jahre früher, die Truppen an, die François I. nach Schottland schickte. Von einem „jungen" und einem „alten" Löwen kann also keine Rede sein, zumal Montgomery auch durchaus kein König, also kein „Löwe" war – wenn man sich denn überhaupt entschließen mag, der Metapher vom „Löwen" für Heinrich II. zu folgen. Denn das königliche Wappen der französischen Monarchie zeigt einen kämpfenden Hahn. Allenfalls das englische, spanische, belgische oder holländische Königshaus könnte man heraldisch mit einem Löwen in Verbindung bringen.

Fast überflüssig zu erwähnen, dass das ganze Drama sich mitnichten auf „kriegerischem Feld" abspielte, sondern bei einem übermütigen Kräftemessen unter Freunden, und dass Heinrich II. mit Sicherheit keinen Helm aus Gold (der „goldene Käfig") dabei getragen hat. Denn dieses Edelmetall ist viel zu weich, um einem Lanzenreiter Schutz vor Verletzungen bieten zu können.

Nostradamus' Jahres-Almanach für 1559 ist ebenfalls nicht der kleinste Hinweis auf ein mögliches Ableben des Königs zu entnehmen. Dafür versieht der Provence-Astrologe im März 1557 die letzten drei *Centurien* mit einer langen Widmung, der so genannten Epistel, an seinen Herrscher. „Dem unbesiegbaren, allermächtigsten und christlichsten Heinrich II., König von Frankreich", leitet Nostradamus seine Huldigung ein: „Lange war ich im Zweifel, wem ich diese drei *Centurien*, welche den Rest meiner tausend Prophetien vollenden, widmen sollte. Nach langem Nachdenken über diese Kühnheit habe ich mich nun an Eure Majestät gewandt, die darüber nicht erstaunt sein möge." Es scheint kaum ein Zweifel möglich, dass Nostradamus mit einer langen Regentschaft seines Monarchen rechnete.

Bleibt nur die Frage: Wenn es in I, 35 nicht um den Tod von Heinrich II. geht, um was dann? Um ein Vorzeichen am Himmel, ist der kritische Nostradamus-Forscher Elmar R. Gruber überzeugt:

Zu den Prodigien zählten auch symbolische Schlachten, die am Himmel gesehen wurden. In seiner Chronik der Vorzeichen berichtete Conrad Lycosthenes, dass im Jahre 1547 in der Schweiz in der Luft der Kampf zweier Heere beobachtet worden sei. Zur gleichen Zeit habe man auf der Erde zwei Löwen gesehen, die sich heftig attackierten, bis einer dem anderen den Kopf abriss. Der Universalgelehrte Hieronimus Cardanus wusste ebenfalls von diesem bekannten Vorzeichen, das Nostradamus offensichtlich in seinem Vierzeiler verarbeitet hat – Nostradamus konnte sicher sein, dass die gängige Verknüpfung von Vorzeichen und Katastrophen bei seinem Publikum auf dem Hintergrund endzeitlicher Ängste ihre Wirkung nicht verfehlen würde.

Er bediente sich dieser Vorlage, um einen himmlischen Wettkampf zweier Protagonisten darzustellen, deren Wappen den Löwen trugen. Wenn wir annehmen, dass der „goldene Käfig" sich tatsächlich auf den Helm bezieht, dann wäre die Lanze, die das Visier des Gegners durchbohrt, das Vorzeichen eines künftigen Sieges. Im Jahr 1554, als Nostradamus diese Verse schrieb, war Heinrich II. der „junge" und Karl V. mit seinem goldenen Helm – der römisch-deutsche Kaiser und Erzfeind, der sich mit den Franzosen heftige Kriege lieferte – der „alte" Löwe. Gemeint hatte Nostradamus also das Gegenteil dessen, was die Interpreten hineinlesen: Die Erscheinung eines bedeutungsvollen Vorzeichens, das seinem König Heinrich II. einen künftigen Sieg über Karl V. verheißt. (Gruber, 1999)

Interesse verdient darüber hinaus noch ein anderer Aspekt: Auch der italienische Seher Lucas Gauricus, den Katharina von Medici ebenfalls aus ihrer italienischen Heimat mitgebracht hatte, sagte dem König voraus, er werde durch ein Duell ums Leben kommen. „In einem Brief an Henri II. warnte er ihn: 'Vermeiden Sie, Sire, jeden Einzelkampf in einem umschlossenen Raum – vor allem um Ihr einundvierzigstes Lebensjahr herum. Denn in diesem Abschnitt Ihres Lebens sind Sie in Gefahr, eine Kopfwunde zu erhalten, welche rasch zu Blindheit oder sogar Tod führen kann'", führt der Nostradamus-Deuter Eberhard Fuchs eine weitere Lieblings-Anekdote seiner Zunft ins Feld – anscheinend in der Absicht, die Treffsicherheit der Orakel-Kunst im Allgemeinen und Nostradamus' Fähigkeiten im Besonderen zusätzlich zu untermauern. Doch selbst dem Gutgläubigsten dürfte ins Auge springen, dass besagte Prophezeiung schlicht zu perfekt, sprich: zu präzise ist, um echt sein zu können.

Tatsächlich bat Katharina 1551 Gauricus ein Horoskop für ihren Gemahl zu erstellen. Darin heißt es unter anderem: „Der sehr ruhmreiche König von Frankreich und höchst christliche Heinrich wird mehreren Königen sein Gesetz aufzwingen, vor seinem Tod den Gipfel der Macht erklimmen und ein sehr glückliches und rüstiges Alter erreichen, worauf die Konjunktion von Sonne, Venus und Mond in seinem Horoskop hinweist – Wenn er das Alter von sechsundfünfzig, dreiundsechzig und vierundsechzig Jahren überschreitet, wird er auf leichtem und glücklichem Wege ein Alter von neunundsechzig Jahren, zehn Monaten und zwölf Tagen erreichen", kann man in der „Henri II."-Biografie von Ivan Cloulas nachlesen. Erst posthum wurde Gauricus' Ehre gerettet, und zwar von dessen Sekretär Claude de l'Aubespine, der viel später in seiner *Histoire particulière de la cour de Henri II.* verbreitete, der italienische Astrologe habe dem König 1556 eine Berichtigung mit obiger Warnung zukommen lassen.

Erfindung des Heißluftballons?

V. 57

Istra du mont Gaulsier & Aventin,
Qui par le trou advertira l'armee,
Entre deux rocs sera prins le butin,
De SEXT. mansol faillir la renommee.

Er wird vom Mont Gaulsier und Aventin hervorgehen,
der durch das Loch die Armee benachrichtigt.
Zwischen zwei Felsen wird die Beute ergriffen,
von SEXT. mansol verblasst der Ruf.

„Mit diesem Vers", analysiert Bernhard Bouvier, laut Verlagsangaben immerhin der „beste Kenner" des Renaissance-Astrologen, „übertrifft Nostradamus sich selbst. Es sind schwerste Siegel angebracht. Es sei ein Versuch gewagt, der jedoch nicht stimmig sein mag: zu dunkel ist wohl das Bild:

Montgaulsier = Montgolfière = Ballon der Brüder Montgolfier.

Aventin = à vent = mit dem Wind

le trou = das Loch = die Öffnung unter dem Ballon

zwei Felsen = zweimal Petrus (der Fels) = zwei Päpste

SEXT. = (lat.) sextus = der VI. Papst

mansol = man sol(us) = Mann Solus = Priester im Zölibat

Der gesamte Vers frei neu übertragen also:

Einer geht aus mit der Montgolfière und dem Wind,

mit dem (Feuer)loch benachrichtigt er die Armeen.

Zwischen zwei Päpsten wird die Beute ergriffen,

von Papst Pius VI. verblasst der Ruf (des Papsttums).

1794 wurde die Montgolfière erstmals zu Beobachtungszwecken gegen die Österreicher in der Schlacht von Fleurus eingesetzt. (Zeile 1 und 2) Zwischen Pius VI. (1775-1799) und Pius VII. (1800-1823) nahm sich Napoleon I. im Frieden von Tolentino als Kriegsbeute einen Teil des Kirchenstaates. Unter Pius VI. sank das Ansehen des Papsttums." (Bouvier, 1996)

Dass Bernhard Bouvier tatsächlich mit einigem Fug und Recht als Nostradamus-Experte bezeichnet werden kann, beweist er in seinem Kommentar zu Vers IV, 27:

Salon, Mansol, Tarascon de Sex, l'arc,
Où est debout encor la piramide:
Viendront livrer le Prince Dannemarc,
Rachat honny au temple d'Artemide

Salon, Mausol, Tarascon, die Sex beim Bogen,
wo noch die Pyramide steht.
Sie werden den Prinzen von Dänemark ausliefern.
Schändliches Lösegeld für den Artemistempel.

Und wie interpretiert Bouvier dieses? Erstaunlicherweise als „kleinen Scherz des Meisters für Insider". Denn: „Die Sex ist das erste Wort einer Inschrift des Triumphbogens von St. Rémy, dem Geburtsort von Nostradamus. Direkt daneben steht ein Mausoleum.".

Das ist völlig richtig. Und „Mausoleum" heißt in der französischen Sprache „mausolée", weswegen Bouvier sogar das n in Mansol für einen Druckfehler zu halten scheint und mit Mausol übersetzt. Wieso aber deutet er dann trotz dieses Wissens „mansol" in V, 57 als „Priester im Zölibat" und in X, 29 wieder völlig anders:

De POL. MANSOL dans caverne caprine
Caché & prins extrait hors par la barbe,
Captif mené comme beste mastine
Par Begourdans amenee apres de Tarbe.

Der POL MANSOL im Steinbock in einer Höhle,
Versteckt und erwischt am Bart herausgezogen.
Der Gefangene weggeschleppt wie eine Bestie von Bluthund,
von den Leuten aus Bigorre wird er mitgeführt bis in die Nähe
von Tarbes.

„POL MANSOL, angeblich nicht zu lösen, wie üblich, ist das Anagramm von MONS APOLL, dem Felsen des Apoll. Der Fels (Petrus, der Fels, der erste Papst) ist der Papst, Apollinaris ist der heilige Märtyrer, der Paulus begleitete", präsentiert Bouvier triumphierend seine Lesart.

Doch hätte der „beste Kenner" der *Centurien* besser daran getan, sich noch ein Weilchen länger in St. Rémy umzusehen. Denn was er in seinem Kommentar zu IV, 27 etwas gönnerhaft als „kleinen Scherz des Meisters" abtut, scheint den wahren Absichten von Nostradamus weitaus näher zu kommen als alle phantasievollen Wort-Umdeutungen seiner

Anhänger. St. Rémy-de-Provence, ein 9000-Einwohner-Städtchen südlich von Avignon im Departement Bouches-du-Rhone, war einst ein
bedeutendes römisches Handelszentrum. Dicht bei der Stadt liegen die
Überreste des antiken Glanum, einer Siedlung aus dem 6. Jahrhundert v.
Chr., die Ende des 2. Jahrhunderts v. Chr. von den Römern besetzt und
überbaut wurde. Gut erhalten geblieben sind bis heute das in drei Ge-
schosse aufgeteilte Juliermausoleum und der große Triumphbogen –
eine Abbildung der so genannten „Les Antiques" findet sich sogar in der
Brockhaus-Enzyklopädie von 1991. Diese antiken Monumente waren
schon vierzehn Jahrhunderte alt, als Nostradamus sie in seiner Kindheit
fast täglich erblickte.

Was er dabei auch gesehen haben muss, ist eine Inschrift in mittlerer
Höhe des Mausoleums, die heute nur noch bruchstückhaft zu entziffern
ist: SEX.L.M.IVLIEI.C.F.PARENTIBVS SVEIS. Im archäologischen
Museum von St. Rémy erfuhr der amerikanische Bühnenmagier und
Aberglauben-Aufklärer James Randi, dass der vollständige Text wohl so
lautete: SEX(tus) L(ucius) M(arcus) IVLIEI C(aii) F(ilii) PARENTIBVS
SVEIS. Vermutlich wurde das Bauwerk von einem Römer namens Sex-
tus errichtet – möglicherweise die Quelle für das „SEXT." im Nostra-
damus-Quartain V, 57. Im Vorwort zu seinem Buch *Excellent et moult
utile Opuscule* von 1555 mit allerlei kosmetischen und medizinischen
Ratschlägen nennt sich Nostradamus übrigens selbst „Sextropheae Natus
Gallia", also „Bewohner der Gegend Galliens mit dem Mausoleum des
Sextus".

Um das römische Juliermausoleum wurde gegen Ende des 12. Jahrhunderts das Kloster „St. Pol de Mausole" gebaut, wobei „Pol" nichts
anderes als die provenzalische Schreibweise von „Paul" ist. Im 19. Jahrhundert beherbergte das Kloster ein Hospital für Geisteskranke, in das
sich 1889 auch der Maler Vincent van Gogh kurz vor seinem Selbstmord
zurückzog. Darüber hinaus findet man in St.-Rémy noch weitere Besonderheiten, die sich in den Quartains V, 57, IV, 27 und X, 29 widerzu-
spiegeln scheinen: In der Umgebung der Stadt ragt der Berg Mont
Gaussier empor, der nach Auskunft des Museums früher im Volksmund
„Gaulsier" genannt worden sei. In dem Felsmassiv klafft ein etwa
mannshohes Loch, durch das man zur einen Seite die Stadt und zur
anderen eine alte römische Straße sieht. Von dieser Stelle aus hätte man
einen herannahenden Feind also frühzeitig ausmachen können. Wie
heißt es in V, 57?

Er wird vom Mont Gaulsier und Aventin hervorgehen,
der durch das Loch die Armee benachrichtigt.
Zwischen zwei Felsen wird die Beute ergriffen,
von SEXT. mansol verblasst der Ruf.

Einigermaßen rätselhaft bleibt nur noch „Aventin". Es sei denn, man zieht IV, 27 hinzu:

Salon, Mausol, Tarascon, die Sex beim Bogen,
wo noch die Pyramide steht.
Sie werden den Prinzen von Dänemark ausliefern.
Schändliches Lösegeld für den Artemistempel.

Was könnten die Stadt Salon, das alte Mausoleum, die verwitterte Inschrift „SEX" in der Nähe des antiken Triumphbogens und ein Artemis-Tempel mit dem Wort „Aventin" zu tun haben („Pyramide" wird übrigens bis heute ein monumentaler Stein-Quader in den Ruinen von Glanum genannt)? Man kann nur spekulieren: Aventin ist einer der sieben Hügel des alten Rom, der sich im Süden der Stadt steil über den Tiber erhebt. Der römische König Servius Tullius soll dort im 6. Jahrhundert v. Chr. den Tempel der Diana erbaut haben, der römischen Göttin der Jagd. Diese hieß bei den alten Griechen, den ersten Bewohnern der antiken Siedlung Glanum bei St. Rémy, Artemis. Existierte auch dort dereinst ein Tempel zu Ehren der Göttin Artemis/Diana? Darüber ist im Ort zumindest nichts bekannt. Wohl aber stand ein solcher in Nîmes – und Nîmes erreicht man exakt über die Route St. Rémy-Tarascon. Wie auch immer: In seinem berühmten Vierzeiler V, 57 über die Erfindung des Heißluftballons und Papst Pius VI. spricht Nostradamus – wie auch in IV, 27 und X, 29 – in Wirklichkeit wohl nur mystisch verbrämt über einige Besonderheiten seiner Heimatstadt.

Ob es sich bei „Mansol" tatsächlich um einen Druckfehler handelt und es eigentlich ohnehin schon im Original „Mausol" heißen muss, ist unter Nostradamus-Fachleuten umstritten und führt unweigerlich tief in die komplizierte Publikations-Geschichte der *Centurien* zurück. US-Skeptiker James Randi will die Schreibweise Mausol in Vers V, 57 in der Erstausgabe von 1555 gelesen haben, die 1840 von dem Franzosen Eugène Bareste „reprinted" wurde – eine Behauptung, die einigermaßen unglaubwürdig erscheint, da die Erstausgabe des Jahres 1555 nur die ersten 353 Quartains enthält, also V, 57 gar nicht darin auftaucht. Ein amerikanischer Kommentator bezweifelt in Randis Buch *Mask of Nostradamus* sogar rundweg die Existenz einer solchen Erstausgabe, was von Randi seltsamerweise als „faszinierende Vorstellung" beklatscht wird, obwohl er doch selbst darin gelesen haben will. Tatsache ist, dass die *Centurien*-Erstausgabe lange Zeit als verschollen galt. Der deutsche Privatgelehrte und Fachhistoriker Carl Graf von Klinckowstroem suchte Anfang des 20. Jahrhunderts in ganz Europa nach den ältesten Ausgaben der *Centurien* – und konnte lediglich in Erfahrung bringen, dass die Pariser Bibliothèque Mazarin bis 1887 ein Exemplar jener Erstausgabe besessen habe. (Klinckowstroem, 1913)

Doch 1993 veröffentlichte der kanadische Professor für Antike Studien Pierre Brind'Amour seine quellenkundliche Nostradamus-Studie *Les Premières Centuries où Prophéties. Edition et commentaire de l'Epitre à César et des 353 premiers quartains*, für die er auf besagte Erstausgabe von 1555 des Pariser Verlegers Macé Bonhomme zurückgriff. Laut Vorwort entdeckte er je ein Exemplar davon in der österreichischen Nationalbibliothek zu Wien und in der Bibliothèque Municipale d'Albi (Tarn). Mittlerweile hat die französische „Association des Amis de Michel Nostradamus" weitere Exemplare des Originals nachdrucken lassen. Unter den 353 „premiers quartains" findet sich der besagte Mansol-Vers, nämlich IV, 27. Die Bonhomme-Ausgabe bestätigt Randis Druckfehler-Theorie nicht: Unzweifelhaft steht dort Mansol und nicht „Mausol" zu lesen.

Neben Randi ist auch der amerikanische Autor Edgar Leoni, dessen voluminöses Standardwerk *Nostradamus: Life und Literature* aus dem Jahr 1961 im Herbst 1999 unter dem Titel *Nostradamus and his Prophecies* zum wiederholten Male neu aufgelegt wurde, ein Verfechter der Druckfehler-Theorie bei Mansol. Allerdings schließt er darauf nur aus dem Inhalt, mitnichten durch einen Textvergleich verschiedener Quartains. Wirklich bedeutsam für die Analyse von Vers V, 57 ist dieser Streit indes nicht; Brind'Amour weist in seinen Anmerkungen zu IV, 27 darauf hin, dass manche Kommentatoren aus inhaltlich-logischen Gründen die Lesart „Mausol" bevorzugen – und dass auch Nostradamus selbst die Diktion willkürlich gewechselt hat: Im Quartain VIII, 34 heißt es nämlich in nahezu allen *Centurien*-Drucken in Zeile 4: „Lyon, Vlmes à MAUSOL mort & tombe". Die erste vollständige Ausgabe aller *Centurien* einschließlich der Vorrede an César und der Epistel an Heinrich II. brachte 1568 der Drucker Benoist Rigaud in Lyon heraus. Alle späteren Nostradamus-Reprints basieren auf diesem Buch, das im Musée Arbaud in Aix-de-Provence aufbewahrt wird.

Hinrichtung von Charles I.?

II, 51:

Le sang du juste à Londres fera faute,
Bruslez par foudres de vingt trois le six,
La dame antique cherra de place haute,
De mesme sectes plusieurs serront occis

Das Blut des Gerechten wird zur Schuld Londons,
Verbrannt durch Blitze von Zwanzig-drei die Sechs.
Die alte Dame fällt von ihrem hohen Ort.
Von derselben Partei werden mehrere getötet.

„Hinrichtung des englischen Königs Charles I. 1649 durch Cromwell",
kommentiert Bernhard Bouvier unisono mit den meisten seiner Kollegen
diesen berühmten Nostradamus-Vierzeiler. „Nostradamus sieht den großen Brand von London 1666 (dreimal die sechs) als Strafe Gottes für
den Königsmord. Welche alte Dame dabei den Flammen zum Opfer fiel,
ist mir nicht geläufig; vielleicht meint Nostradamus die alte Kathedrale
Londons (St. Paul), die niederbrannte."

Wirklich? Es existiert keine wie auch immer geartete Quelle, aus der
hervorgehen würde, dass die St. Paul-Kathedrale zu irgendeinem Zeitpunkt „The old lady" genannt wurde. Ganz abgesehen davon, dass die
Bedeutung des Wortes „antique" im Altfranzösischen auch „exzen-
trisch" oder „senil" einschließt. Auch eine Statue (etwa eine Marien-
darstellung) kann Nostradamus nicht gemeint haben, da auf zeitgenössischen Abbildungen des gotischen Bauwerks keine Statuen auf den
Außenkonstruktionen zu sehen sind. Dafür scheint Vers II, 51 ver-
blüffend genau auf ein anderes Ereignis der englischen Historie zu passen – allerdings nicht 111 Jahre nach Nostradamus' Tod, sondern kurz
vor der Entstehung der *Centurien*:

Das Blut des Gerechten wird zur Schuld Londons: 1553 wird Maria I.
(Mary Tudor), auch „die Katholische" oder „die Blutige" genannt, Kö-
nigin von England. Ihr Versuch, England zum Katholizismus zurückzu-
führen, geht ab Januar 1555 mit zahlreichen Hinrichtungen führender
Protestanten einher, darunter der Erzbischof von Canterbury, Thomas
Cranmer.

Verbrannt durch Blitze von Zwanzig-drei die sechs: Die angeblichen
protestantischen „Häretiker" werden an einen Pfahl gefesselt verbrannt.
Als „Gnadenakt" und um ihr Ableben zu beschleunigen, legt man ihnen
Säcke mit Schießpulver zwischen die Beine oder auf den Kopf, die ex-

plodieren, sobald das Feuer sie erreicht. Die Hinrichtungen beginnen am 22. Januar 1555, die Verurteilten werden in Gruppen zu jeweils sechs Personen exekutiert.

Die alte (senile/exzentrische) Dame fällt von ihrem hohen Ort: Maria I., von Biografen als abgezehrt, an Wassersucht und anderen Krankheiten leidend, besessen von ihren religiösen Irrungen und halb wahnsinnig geschildert, stirbt nicht unerwartet bald danach, im November 1558.

Von derselben Partei werden mehrere getötet: Etwa 300 Protestanten fallen dem blutigen Wahn der Tudor-Königin zum Opfer.

Konnte Nostradamus all das frühzeitig genug erfahren, um es noch in die Erstausgabe der *Centurien* vom Mai 1555 einzubauen? Mit einiger Sicherheit. Nostradamus stand vermittels Boten in lebhaftem Austausch mit anderen Gelehrten seiner Zeit über die neuesten medizinischen, mathematischen oder astronomischen Entdeckungen, und über diesen gut funktionierenden „wissenschaftlichen Nachrichtendienst" kamen jede Menge Klatsch wie auch aktuelle politische Ereignisse in relativ kurzer Zeit zu ihm. Zweifellos erschütterten ihn die Ereignisse in England sehr – hatte doch auch seine eigene Familie zwangsweise zum Katholizismus konvertieren müssen.

Flucht Ludwigs XVI.?

IX, 20:
De nuict viendra par la forest de Reines
Deux pars vaultore Herne la pierre blanche,
Le moine noir en gris dedans Varennes,
Esleu cap, cause temeste, feu sang tranche

Nachts wird durch den Wald von Reims kommen,
zweigeteilt, raubgierig Herne (?) der bleiche Stein,
der Mönch, schwarz in grau, in Varennes,
gewählter cap (?) löst Sturm, Feuer, Blut, Abstechen, aus.
(Nolan, 1996)

Des Nachts geschieht im Wald von Reims für
zwei Personen Wendung. Königin der weiße Stein,
als Mönch der König grau in Varennes,
der gewählte Capetinger als Ursache für Sturm, Feuer, Blut,
abgehauen. (Bouvier, 1996)

Nachts kommen durch den Wald von Reims
zwei unglückliche Partner: die Königin in Weiß,
und der Mönchenkönig in Grau nach Varennes.
Der erwählte Capetinger wird zum Auslöser für Sturm, Feuer, Blut,
Guillotine. (Allgeier, 1999)

Drei recht unterschiedliche Übersetzungen – eine Deutung: Die versuchte Flucht Ludwigs XVI. und der Königin Marie-Antoinette in der Nacht vom 20. auf den 21. Juni 1791, während der Französischen Revolution. In Varennes werden sie jedoch erkannt und nach Paris zurückgebracht. Tatsache ist, dass der französische Monarch während seiner Flucht derbe dunkle Kleidung trug – wie alle Reisenden in jenen Tagen, die den Strapazen einer langen Kutschfahrt trotzen mussten. Auch Marie-Antoinette war in einen grauen Umhang mit einer schwarzen Kapuze gehüllt und mitnichten in Weiß. *cap* kann man mit einiger Phantasie als „captal" lesen (das altfranzösische Wort für „Anführer") oder auch als „Capet", da alle französischen Könige als Nachfolger von Hugo Capet gelten, der im Jahr 987 die karolingische Dynastie ablöste. Das sind dann aber auch schon alle Übereinstimmungen zwischen dem Nostradamus-Quartain IX, 20 und den Ereignissen im Juni 1791. Es sei denn, man entschließt sich, *Herne* und *noir* zum Beispiel als Anagramm für die Königin („reine") und den König („roi") zu lesen und *vaultore* als verquaste Wort-Komposition aus „vaulx" (Tal) und „torte" (gekrümmt, gewunden).

Aber auch dann stehen die Nostradamisten vor dem Problem, schlüssig zu erklären, wieso Ludwig XVI. und Marie-Antoinette laut Nostradamus durch den Wald bei Reims geflüchtet sein sollen, obwohl dieser gut 90 Kilometer südöstlich von *dem* Varennes liegt (nach dem Verzeichnis der Kommunen Frankreichs gibt es diesen Ortsnamen übrigens 31-mal).

Der berühmte Vierzeiler IX, 20 erscheint so enigmatisch-faszinierend, dass ihm der rätselbegeisterte französische Orientalist Georges Dumézil ein ganzes Büchlein gewidmet hat: In *Der schwarze Mönch in Varennes* philosophiert er in einer Art Kammerspiel mit vier Freunden über die mögliche Bedeutung der einzelnen Bruchstücke. Allerdings ohne Erfolg. Sein Landsmann Roger Prévost indes wurde bei seinen diesbezüglichen Nachforschungen recht schnell fündig: und zwar im *Guilde des chemins de France* von Ch. Estienne, einer Art Verzeichnis von Wanderwegen aus dem Jahr 1552. Entlang der Route 137 von Mayenne nach Vitré in Westfrankreich sind in umittelbarer Nachbarschaft sowohl die Ortschaft „Ernée" wie auch „Vautorte" verzeichnet. Und der

„Weiße Stein" („pierre blanche")? Eine kleine Ansiedlung (möglicherweise ein Weiler) etwa sechs Kilometer von Ernée entfernt, nahe bei
Saint-Hilaire-des-Landes. Gesäumt wird dieser Landstrich vom Wald
„de Rennes-en-Grenouille", früher auch „Raines" geschrieben.

Und über den mysteriösen „schwarzen Mönch" geben gleich eine
Vielzahl von französischen Geschichtsbüchern und Adels-Lexika Auskunft: 1557 zog ein gewisser Antoine du Plessis de Richelieu das
schwarze Mönchsgewand der Benediktiner aus und verschrieb sich
fortan dem Kampf gegen die Reformation. Von Zeitgenossen als außergewöhnlich verschlagen und boshaft geschildert, schlug sich Richelieu
als Heerführer unter anderem in einem blutigen Scharmützel um die
(katholische) Hochburg Ernée, die vom (reformatorischen) Stadtherrn
von Vautorte, Jean de la Ferrière, bedrängt wurde. Den Ortsnamen Varennes findet man im Departement Mayenne übrigens nicht weniger als
siebenmal. (Prévost, 1999)

Das klingt einigermaßen ernüchternd, ficht aber die Nostradamisten
nicht weiter an: Da der große französische Prophet Michel Notredame
natürlich auch und besonders die Zukunft seines Vaterlandes vorhergesehen haben muss, durchforsten seine Anhänger unverdrossen die *Centurien* nach weiteren Belegen – auf Brechen und vor allem Biegen:

La part soluz mary sera mittré,
Retour conflict passera sur la thuille:
Par cing cens un trahyr sera tiltré,
Narbon & Saulce par conteaux avons d'huille (IX, 34)

Der Teil unter dem Mann wird den Bischofshut tragen,
Rückkehr, Streit wird auf die Tuilerien (Paris) übergehen:
Durch fünfhundert wird ein Verrat durchkreuzt,
Narbon und Saulce besitzen Öl durch Kontakte. (Nolan, 1996)

Dem einen Teil der Ehegatten wird die Mitra (aufgesetzt),
bei Rückkehr greift der Konflikt auf die Tuilerien über.
Von fünfhundert steht ein Verrat auf der Kippe.
Narbon und Saulce haben Öl durch ein Messer. (Bouvier, 1996)

Dem einsamen Ehegatten wird die Mitra (Schandmütze) aufgesetzt.
Als er zurückgebracht ist, greift der Konflikt auf die Tuilerien über.
Von 500 wird ein Verrat begangen.
Die Grafen von Narbonne und Saulce versuchen zu beschwichtigen.
(Allgeier, 1999)

„Ein und vielleicht der treffendste Ludwig XVI.-Vers", jubelt Kurt Allgeier: „Nachdem der König auf seiner Flucht gefasst und nach Paris zurückgebracht worden war, folgte der Sturm der Menge auf die Tuilerien.
Es sollen ziemlich genau 500 Menschen gewesen sein. Der Graf Narbonne, Feldmarschall, kehrte drei Tage vor dem Sturm nach Paris zurück und versuchte die Königsfamilie zu retten. Die Leibgarde des
Königs soll vom Kommandanten aus Sauce angeführt worden sein. Und
noch ein Hinweis: Saulce hieß der Mann, in dessen Haus der König in
Varennes gefangen gehalten wurde. Er war Ölhändler."

Weitaus interessanter zu erfahren wäre indes, warum Allgeier das
Wort „Mitra" völlig willkürlich in Klammern mit „Schandmütze" erklärt – obgleich die Kopfbedeckung eines Bischofs wahrlich etwas
anderes ist als jene rote Jakobiner-Mütze, die die Revolutionäre am
20. Juni 1792 Ludwig XVI. aufgesetzt haben sollen, um den König zu
verspotten und zu erniedrigen. „Warum nicht einfach dort, wo Nostradamus Baum schreibt, Grashalm oder Schiffskran in Klammern hinzu-
setzen, um irgendeine insgeheim favorisierte Deutung zu beglaubigen?"
ironiert Frank Rainer Scheck die Allgeierische Geschichts-Klitterung.

Doch auch Bernhard Bouvier erblickt hier einen „der bekanntesten
Verse, weil er die Verurteilung Ludwigs XVI. schildert: Nach der Flucht
Ludwigs XVI. bricht am 10. August 1792 der offene Aufstand los (Zeile
2). Die Tuilerien werden gestürmt, die Verteidiger ermordet, das Schloss
geplündert. Dem König wird eine Schandmütze aufgesetzt. Zeile 3: Für
die Verurteilung des Königs fand sich lange keine Mehrheit, letztendlich
war er ja zu Unrecht angeklagt. Schließlich geht der Schuldspruch denkbar knapp mit 387 gegen 324 Stimmen durch. Zeile 4: Die Klärung ist
etwas unsicher. Wahrscheinlich nennt Nostradamus zwei Abgeordnete,
die Öl = Lebensmittel haben, weil man ihre Stimme hat kaufen können.
Graf Narbonne war Kriegsminister des Königs gewesen und hat mit der
Angelegenheit eigentlich wenig zu tun. Ein Saulce soll den Krämerladen
besessen haben, vor dem in Varennes das festgehaltene Königspaar
gesessen hat, bis die Nationalgarde es nach Paris zurückführte. Aber das
entspricht vielleicht nicht der Wahrheit."

In der Tat: Der Mann hieß nämlich Drouet. Möglicherweise entspricht Bouviers Deutung aber auch über dieses eher unbedeutende Detail hinaus nicht ganz der Wahrheit beziehungsweise den wahren
Absichten von Nostradamus. Bei seinen historischen Nostradamus-
Recherchen stieß der amerikanische Skeptiker James Randi auf die Belagerung von Metz im Jahr 1552/53 durch den deutsch-römischen Kaiser

Karl V. Als Vermittler zwischen den Kontrahenten Heinrich II. von Frankreich und dem deutschen Herrscher versuchte sich erfolglos der Bischof von Vannes, Charles de Maryllac, der später als Bischof von Wien eingesetzt wurde. Der Verteidigungswall der Stadt Metz bestand in Ermangelung anderer Materialien aus Dachziegeln (französisch „tuiles"). Der Verräter? Möglicherweise der politisch höchst problematische Markgraf Albrecht Alcibiades von Brandenburg-Kulmbach, der sich trotz früherer Gegnerschaft zu Karl V. von diesem für die Belagerung anwerben ließ. Historikern zufolge wurde Metz neben ihren Bewohnern von rund 500 französischen Soldaten verteidigt. Zwei der Offiziere hießen „D'Albon" und „Saulx", zu deren Ausrüstung neben einem Messer auch ein Fass Öl zählte, in dem sie Brandsätze tränkten. Die Belagerung scheiterte übrigens, und Karl V. zog sich nach Brüssel zurück.

Napoleon?

XIII., 1:
PAU, NAY, LORON plus feu qu'à san sera,
Laude nager, fuir grand aux sang surrez:
Les agassas entree refusera,
Pampon, Durance les teibdra enserrez

PAU, NAY, LORON wird mehr Feuer als Blut sein,
Lob schwimmen, Großes rinnt zu den Erhebungen,
den Pferdeknechten (?) wird der Zutritt verweigert,
Pampon, Durance wird sie eingeschlossen halten. (Nolan, 1996)

In Peau, Nay Oloron mehr Feuer als Blut,
der Gelobte will in See stechen, der Große flüchtet vor den Aufständischen.
Den Frommen wird der Zutritt verwehrt.
In Pamplona, an der Durance hält man sie gefangen. (Bouvier, 1996)

„Die ersten Städtenamen sind nur in der Reihenfolge zu ändern, und schon wird der Vers klar", behauptet Bernhard Bouvier: „Nay Peau Oloron = Na-Po-leon (Peau wird wie Po ausgesprochen). Nach dem Rückzug 1812 aus Russland erhebt sich ganz Europa, Napoleon versucht, mit dem Schiff nach Amerika zu fliehen (Zeile 2). Papst Pius VI. stirbt 1799 im französischen Exil. Zeile 4: Wellington vertreibt 1813 die Franzosen aus Spanien, besiegt sie dann bei Toulouse."

Eine sehr populäre, nichtsdestotrotz recht eigenwillige Deutung, die sogar der Nostradamist Kurt Allgeier verwirft, weil sie „dem Vers wenig Sinn" gibt. Ob Allgeiers Interpretation von einem „Raketenbeschuss" oder einem „Bombardement in einem künftigen Krieg" mehr Sinn macht, mag dahingestellt bleiben. Weitaus ergiebiger ist statt dessen ein Blick auf eine französische Landkarte: In manchen Nostradamus-Ausgaben steht in Zeile 2 des Quartain statt Laude „L'aude" – und das wiederum ist der Name eines Flusses in Südfrankreich, zwischen Narbonne und Carcasonne, an der spanischen Grenze. Nicht weit davon entfernt finden sich drei Städte: Nay, Pau und Oloron. Serrez in Zeile 2 übersetzt Nolan in der Tat richtig mit „Erhebungen"; mit „Aufständischen" in der Bouvier-Lesart hat das altfranzösische Wort für „Hügel" oder „Berge" dagegen wenig zu tun. Auch Durance (Zeile 4) ist ein Fluss, und zwar nördlich von Nostradamus' Geburtsort St. Rémy. Pampon ist wohl – hier liegt Bouvier richtig – eine Verballhornung von „Pamplona" in Spanien.

Nostradamus' Neigung, Städte meist in Gruppen zu zwei, drei oder vier zu nennen, drückt sich in einer ganzen Reihe seiner Quartains aus, so zum Beispiel in XIII, 22 (Coursan, Narbonne, Tucham und Perpignan), in IX, 49 (Gent, Brüssel und Antwerpen) oder in VI, 56 (Narbonne, Perpignan und Barcelona). In der Regel sind die genannten Orte so gewählt, dass sie sich auf einer Landkarte zu einer geometrischen Figur verbinden lassen. Um was es Nostradamus in Vers VIII, 1 geht, wird sich nie eindeutig beantworten lassen. Mit Napoleon hat das Ganze jedoch vermutlich ebenso wenig zu tun wie Vers VIII, 57:

De soldat simple parviendra en empire,
De robe contre parviendra à la longue:
Vaillant aux armes en eglise ou plus pyre,
Vexer les prestres comme l'eau fait l'esponge.

Vom einfachen Soldaten gelangt er zum Kaisertum,
vom kurzen Rock gelangt er zu dem langen.
Heldenhaft in der Kriegsführung, der Kirche gegenüber viel
grausamer,
er quält die Priester, wie der Schwamm das Wasser. (Bouvier, 1996)

Vom einfachen Soldaten wird er ins Reich gelangen,
vom kurzen Rock wird er zum langen kommen.
Tapfer an den Waffen, in der Kirche aber am schlimmsten,
die Priester drücken, wie das Wasser den Schwamm drückt.
(Nolan, 1996)

„Napoleons Karriere vom Kadetten in Brienne zum Ersten Konsul", ist
Bouvier überzeugt. Theophilus Garencières, der 1672 als Erster die
Centurien ins Englische übersetzte, machte in jenem Soldaten aus
VIII, 57 den Usurpator Oliver Cromwell aus. Oder warum nicht Saddam
Hussein, der vom verhöhnten Bauernjungen zum gefürchteten Allein-
herrscher des Irak aufstieg? Oder...

Hitler?

II, 24:
Bestes farouches de faim fleuves tranner,
Plus part du Champ encontre Hister sera,
En caige de fer le grand fera treisner,
Quand Rin enfant de Germain observera

Bestien, wild vor Hunger, durchschwimmen den Fluss.
Die Mehrzahl der Schlachten wird an der Donau sein.
In seinem Eisenkäfig lässt der Große verschleppen,
wenn kein Kind Deutschlands es bemerkt. (Bouvier, 1996)

Bestien, wild vom Hunger, durchschwimmen den Fluss.
Viele Teile des Heeres (viele Schlachtfelder) liegen an der Donau.
Im eisernen Käfig/Gitter lässt (sie) der Große verschleppen,
wenn Rhein-Kinder Deutsche beobachten. (Nolan, 1996)

Bestien, wild vor Hunger, durchschwimmen den Fluss.
Die meisten Schlachtfelder werden an der Donau liegen.
In einem Käfig aus Eisen lässt der Große verschleppen,
wenn kein Kind in Deutschland mehr sicher ist. (Allgeier, 1999)

„Hister = Ister, die Donau", kommentiert Allgeier. „Nostradamus bezeichnet so doppelsinnig auch gerne Hitler, den Mann, der an der Donau
geboren ist und ganz ähnlich heißt. Ohne Zweifel sind hier die Schrecken und Judenverfolgungen des Zweiten Weltkriegs skizziert und der
Hinweis gegeben, dass die blutigsten Schlachten an der Ostfront stattfinden." In der Tat: Auf alten römischen Karten wird die Donau „Ister"
oder „Hister" genannt. Das wissen offenkundig auch die Nostradamisten – und können doch der Versuchung nicht widerstehen, an dieser
Stelle Adolf Hitler ins Spiel zu bringen, der natürlich in Nostradamus'
Kursbuch für das künftige Weltgeschehen auf keinen Fall fehlen darf.
Sehr hilfreich für solche Spekulationen ist natürlich „de Germain" in
Zeile 4. Doch dieses Wort ist mitnichten einfach mit „in Deutschland"
oder „aus Deutschland" zu übersetzen, sondern bedeutete im Altfranzö-

sischen soviel wie „Bruder" oder „naher Verwandter". Einen groben Schnitzer leisten sich Allgeier und Bouvier in Zeile 4: Beide lesen aus dem französischen Original „rien" heraus – obwohl schon in der Nostradamus-Erstausgabe von 1555 unzweideutig *Rin* steht. Ray Nolan liegt also zumindest rein typografisch mit seinen „Rhein-Kindern" durchaus richtiger als Allgeier und Bouvier, die „kein" Kind in Zeile 4 erblicken. All dies eingedenk, müsste die vierte Zeile von II, 24 korrekt in etwa so übersetzt werden: während der kleine Bruder den Rhein im Auge behält.

Und wieder liegt die Vermutung nahe, dass Nostradamus sich 1555 als lyrischer Geschichtsschreiber betätigt hat, nicht jedoch als Prophet. 1532 rückt der türkische Sultan Suleiman durch Kroatien und Ungarn auf Wien vor. Am 9. September wird die Akindschi, die leichte Reiterei der Osmanen, bei Enns an der Donau geschlagen und zehn Tage später südlich von Baden bei Wien. Der siegreiche deutsche Kaiser Karl V. löst sein Heer zum größten Teil auf und reist schon Anfang Oktober nach Bologna ab, um die nächsten Jahre in Italien und später in Spanien zu verbringen. Sein drei Jahre jüngerer Bruder Ferdinand I. gelangt als Vertreter seines häufig abwesenden kaiserlichen Bruders im Heiligen Römischen Reich deutscher Nation rasch zu Einfluss. Dass Ferdinand laut Nostradamus vor allem den Rhein im Auge behalten sollte, erklärt sich aus der Tatsache, dass dieser Fluss sowohl für das Heilige Römische Reich Deutscher Nation wie für das Frankreich Heinrichs II. von erheblicher Bedeutung als Handelsweg und natürliche Grenze war.

Der bislang erste Forscher, der Nostradamus konsequent retroaktiv (also als eine Art zeitgenössischer Science-fiction-Autor) deutet, ist der Kanadier Pierre Brind'Amour. Der 1996 verstorbene Professor für Antike Studien an der Universität Ottawa versuchte, die Quartains wie die Teile eines großen Puzzles in ihren entstehungsgeschichtlichen Kontext einzuordnen. Er orientierte sich ausschließlich an den erhaltenen Original-Schriften und nicht an späteren Übersetzungen, die immer zugleich bereits eine Interpretation darstellen, verglich Form und Inhalt mit anderen prophetischen und sonstigen Texten aus dem 15. und 16. Jahrhundert sowie mit historischen Ereignissen jener Zeit. Einige Beispiele aus seiner Untersuchung *Les premières Centuries où Prophéties. Edition et commentaire de l'Epitre à César et des 353 premiers quartains par Pierre Brind'Amour* (Librairie Droz, Genf 1996), im Vergleich mit den Interpretationen des Nostradamisten Bernhard Bouvier:

I, 8:

Combien de foys prinse cité solaire,
Seras, changeant les loys barbares vaines?
Ton mal s'approche: plus seras tributaire:
La grand Hadrie reovrira tes veines

Wie oft wird die Sonnenstadt erobert,
es wechseln die barbarischen und nutzlosen Gesetze.
Dein Unheil naht. Einmal mehr wirst Du tributpflichtig,
der große Hitler wird Dich zur Ader lassen. (Bouvier, 1996)

Bouvier kommentiert: „Der Sonnenkönig ist Ludwig XIV., die Sonnenstadt Paris, eine Stadt, von der aus in ihrer Geschichte wieder und wieder Revolutionen ausgingen. Im Juni 1940 wird Paris besetzt, Hitler besucht die Stadt. Frankreich wurde gezwungen, für Deutschland Rüstungsgüter zu liefern."

Brind'Amour dagegen schließt aus dem kritischen Quellenstudium der Nostradamus-Texte, dass dieser mit der „Sonnenstadt" nur die griechische Insel Rhodos mit ihrem antiken Sonnenkult (personifiziert in dem um 225 v.Chr. zerstörten Koloss von Rhodos, der den Sonnengott Helios darstellte) gemeint haben kann. Nach der türkischen Besetzung 1523 wurden zahlreiche Moscheen errichtet und byzantinische Kirchen in Moscheen umgewandelt.

I, 10:

Sergens transmis dens la caige de fer
Ou les enfans septains du roy sont pris:
Les vieux & peres sortiront bas enfer:
Ains mourir voir de son fruict mort & crys.

Die Schlange wird in den eisernen Käfig gesperrt,
wo die sieben Kinder des Königs gefangen sind.
Die Eltern und Vorfahren werden aus der Unterwelt steigen.
Aber sterben sieht sie die Frucht, Tod und Schreie. (Bouvier, 1996)

Bouvier: „Prophezeiung über das Aussterben des Hauses Valois. Heinrich II. hatte sieben Kinder, die früh verstarben. Sie werden in metallenen Särgen beigesetzt. Es folgt das Haus der Bourbonen (1589-1792). Zeile 1 hat eine doppelte Bedeutung: 1598 endet der Bürgerkrieg nach 36 Jahren, Religionsfreiheit wird verkündet. Die Schlange wird von Nostradamus häufig als Deckname für die Witwe Heinrichs II., Katharina von Medici, verwendet. Sie muss mitansehen (Zeile 4), wie ihre Kinder vor ihr sterben."

Brind'Amour: Nostradamus beschreibt hier den berühmt-berüchtigten „eisernen Käfig", eine grausame Erfindung des französischen Königs Ludwig XI., von der auch der Diplomat und Geschichtsschreiber Philippe de Commynes um 1490 in seinen berühmten *Mémoires* berichtet. Es handelte sich dabei um ein enges, containerförmiges Gefängnis aus Eisen oder aus Holz mit groben Metallbeschlägen, in dem ein einzelner Gefangener kaum aufrecht stehen konnte. Nostradamus schmückt die historische Wirklichkeit lyrisch aus, um den dramatischen Effekt für den Leser zu verstärken und ihm die Inhumanität des *caige de fer* drastisch vor Augen zu führen.

I, 13:

Les exilés par ire, haine intestine,
feront au roy grand conjuration:
Secret mettront ennemis par la mine,
Et ses vieux siens contre eux sedition.

Die Verbannten durch Zorn, mit Wut im Bauch,
werden eine große Verschwörung gegen den König anzetteln.
Insgeheim werden sie Feinde durch Geld werben,
und seine alten Getreuen werden gegen sie Partei ergreifen.
(Bouvier, 1996)

Bouvier: „Unklar ist, ob es sich bei den Verbannten um Franzosen im Exil handelt, die sich gegen den König verschwören, oder um Ausländer in Frankreich. In der französischen Geschichte ist die geschilderte Situation bisher noch nicht geschehen. Es wird ein künftiges Geschehen beschrieben; möglicherweise multikultureller Bürgerkrieg gegen den Staatschef Frankreichs, verbunden mit heimlicher massenhafter Zuwanderung Fremder." Hier wird zugleich deutlich, wie Nostradamus' literarische Arabesken auch politisch ge- und missbraucht werden können. Wohl nicht von ungefähr publiziert Bouvier im Ewert-Verlag, der auch die Bücher des rechten Verschwörungstheoretikers Jan van Helsing (siehe Seite 121) verlegt. Schon Nazi-Propagandachef Josef Goebbels wies 1940 den Schweizer Astrologen Ernst Krafft an, die *Centurien* in wehrkraftfördernder Weise zu aktualisieren. Der englische Geheimdienst wiederum engagierte, kaum hatte er die Möglichkeit astrologischer Kriegführung erkannt, eigens einen Sachverständigen, der sich schon geraume Zeit als Gegenspieler Kraffts angedient hatte. (Eisenhauer, 1994) Das französische Boulevardblatt *Paris-Match* übersetzte 1980 die Nostradamus-Menetekel in Stimmung gegen die Regierung Mitterand.

Brind'Amour: Nostradamus spielt auf ein wichtiges Problem in den Königreichen und Herzogtümern des 16. Jahrhunderts an: auf das der Verbannten nämlich, die enteignet und vertrieben werden und später versuchen, aus der Ferne Einfluss auf die Politik ihrer Heimat zu nehmen und ihre Güter wiederzuerlangen. Auch hier kann sich Nostradamus einer aktuellen literarischen Vorlage bedienen: *Les origines politiques des guerres de religions*, Band 1, „Henry II. et l'Italie (1547-1555)" von Lucien Romier. In seinem Almanach für das Jahr 1566 kommt Nostradamus auf das Thema zurück, indem er schreibt: „Ich bezweifele stark, falls Gott nicht seine Hand darüber hält, dass eine recht große Zahl von verbannten Personen mit Geduld annimmt, was ihnen von ihren Fürsten und Herrschern befohlen ist." Fast automatisch führt diese Befürchtung Nostradamus dann zum Bild einer großen Verschwörung – die aber scheitern werde, wie auch „ein Fliegenschwarm die Sonne nicht verdunkeln kann".

I, 19:
Lors que serpens viendront circuir l'are,
Le sang Troien vexé par les Hespaignes:
Par eux grand nombre en sera faicte tare
Chief fuyct, caché aux mares dans les saignes.

Wenn die Schlangen beginnen, den Altar zu umtänzeln,
wird das trojanische Blut von den Spaniern gequält.
Durch sie gerät dadurch eine große Zahl in Schande.
Der Führer flieht, versteckt in Lachen und in Abzugskanälen.
(Bouvier, 1996)

Bouvier: „Folgt man den Legenden, fließt in den Adern der französischen Könige das Blut der Fürsten Trojas. Beschrieben wird der spanische Erbfolgekrieg (1701-1714). Katharina von Medici, Witwe Heinrichs II., führte eine Schlange im Wappen. Sie war streng katholisch. Welcher Führer in jenem Krieg floh und sich verstecken musste, ist mir nicht bekannt."

Brind'Amour: Wieder greift Nostradamus ein bekanntes literarisches Motiv seiner Zeit auf, und zwar aus der Vorzeichen-Sammlung *De Prodigiis* von Julius Obsequens. In diesem Buch erfährt man, dass im Jahr 105 v.Chr. in der Stadt Trebula Mutusca kurz vor dem Beginn eines sportlichen Wettkampfes, während die Hörner erklangen, schwarze Schlangen scheinbar aus dem Nichts um den Opferaltar hervorkrochen und von der Menge mit Stöcken und Steinen getötet wurden. Dieses antike Vorzeichen kombiniert Nostradamus mit einer berühmten Passage aus dem Werk *Leben des Marius* von Plutarch, in der es um einen versprengten Soldaten geht, der sich in einem Sumpfgebiet versteckt hält.

I, 23:

Au mois troisieme se levant le Soleil,
Sanglier, liepard au champ mars pour cambate:
Liepard lassé au ciel extend son oeil.
Un aigle autour du Soleil voyt s'esbatre.

Im dritten Monat bei Sonnenaufgang
sind Eber und Leopard auf dem Schlachtfeld, um sich zu bekämpfen.
Des Leoparden überdrüssig, wendet man das Auge zum Himmel.
Man sieht einen Adler um die Sonne kreisen. (Bouvier, 1996)

Bouvier: „Mit Schwein/Eber bezeichnet Nostradamus das Volk der Juden, mit Leoparden werden die Völker Nordafrikas bezeichnet. Aus anderen Prophezeiungen geht hervor, dass dort ein Leopard an die Macht kommt. Hier wird der Abbruch einer Schlacht im März oder im dritten Kriegsmonat beschrieben, weil ein kosmisches Spektakel die Fortsetzung des Krieges verhindert."

Brind'Amour: Ganze Kapitel in den Prodigien-Sammlungen von Conrad Lycosthenes und Julius Obsequens beschreiben symbolische Kämpfe am Himmel. Die Identität der Protagonisten ist durch die Wappentiere der himmlischen Kämpfer erkenntlich. Lycosthenes berichtet zum Beispiel, dass am 7. Februar 1536, in Spanien, am regnerischen Himmel zwei Schwertkämpfer gesehen worden seien, von denen einer einen Wildschweinkopf und der andere einen Leopardenschädel auf seiner Lanze vor sich hergetragen habe. Der Leopard ist ein uraltes Symbol für England, Sonne und Adler gelten seit jeher als Omen für den Sieg. Nur die Bedeutung des Ebers bleibt im Dunkeln.

Eine weitere beachtenswerte Deutung der *Centurien* legte 1986 der deutsche Autor Ernst R. Ernst vor. Dieser erblickt in Nostradamus einen „geschichtsphilosophischen Humanisten von hohen Graden" und „überragender Intelligenz", der „den Mächtigen wie den fanatischen Massen einen Spiegel vorgehalten" habe.

Er hat den Kirchenfürsten ihre Tyrannei gegen Geist und Seele vorgeworfen, die bis hin zur physischen Vernichtung des Menschen führte. Er hat ihre Sucht nach persönlichem Luxus gegeißelt, die schätzeüberladenen Kirchen, während die Menschen im Elend lebten. Ihre hemmungslose Machtgier war ihm ein Gräuel.

Er hat die Herrschsucht der Regenten hart verklagt, ihre rücksichts-
losen Kriege um Ausdehnung des eigenen Machtbereichs, die Ausplün-
derung der ihnen Anvertrauten durch Söldnerscharen, ihre Gier, die sich
in Steuern und Abgaben ausdrückte, ihre Willkürherrschaft.

Er hat die fanatisierten Massen angeklagt, ihre Dummheit, ihre Ro-
heit, ihren Hass, ihre Gewalt und sinnlose Zerstörungswut, die zur Ka-
tastrophe führen, einfach führen müssen.

Er hat die Neuerer und Reformatoren beschuldigt, die kein Maß
kannten und in ihrem Glauben Änderung mit Besserung verwechselten,
statt dessen aber neue seelische Not schufen.

Und er hatte erkannt, dass die menschliche Gier, Bosheit, Angst,
kurzum die negativen Seiten des menschlichen Charakters immer wieder
zu gleichen Ergebnissen führen. So hat er wirklich wesentliche Teile der
Zukunft vorgezeichnet. (Ernst, 1986)

Daran mag durchaus viel Wahres sein. Doch offenkundig verfällt auch
Ernst in den Fehler der „subjektiven Gültigkeitserklärung": die Neigung,
sinnvolle Muster in eine Vorlage „hineinzusehen" und schließlich zu
glauben, sie seien objektiv Bestandteil der Vorlage. (Gruber, 1999) In
seiner „Entzifferung" der Nostradamus-Schriften erscheinen die
Original-Vierzeiler nur noch wie die Rezeptoren einer Nervenzelle, die
von Ernsts Geistesblitzen vollständig besetzt werden. Anscheinend
begreift sich Ernst eher als Ghostwriter des Renaissance-Propheten denn
als historischer oder literaturwissenschaftlicher Forscher, und er kulti-
viert weit darüber hinaus seine Analyse zu einer Art intuitiver Cholerik.
Anstatt sich wie Randi, Brind'Amour oder Prévost auf den Nachweis zu
beschränken, dass die Nostradamus-Quartains mit Fug und Recht auch
zeitgeschichtlich (anstatt als Zukunftsvorhersage) gedeutet werden können, wächst sich seine Interpretation zu einem humanistischen Manifest
aus. Den berühmten Vers I, 35 übersetzt Ernst recht eigenwillig:

Le lyon jeune le vieux surmontera,
En champ bellique par singulier duelle,
Dans cage d'or les yeux luy crevera,
Deux classes une puis mourir mort cruelle.

Der junge Löwe überwindet den alten,
auf dem Schlachtfeld bei einzigartigem Zweikampf.
Im goldenen Käfig sticht er ihm die Augen aus.
Einzigartiger, Verwundeter Gottesglaube, um schlimmen Tod zu
sterben.

Seine Entzifferung:

Neuer Hochmut siegt über den alten.
Hat einer gesiegt, macht er den anderen machtlos.
Leider geht es so auch auf dem Gebiet der Glaubensbekenntnisse zu.

V, 57:

Istra du mont Gaulsier & Aventin,
Qui par le trou advertira l'armee,
Entre deux rocs sera prins le butin,
De SEXT. mansol faillir la renommee.

Ernst übersetzt:

Schmierenkomödianten von Gallien und vom Aventin,
so dass wegen der jämmerlichen Wohnung die Menge es übel
vermerkt:
Zwischen Heiligem wird Gestein als Beute genommen.
Vom Satan besetzt, das Ansehen kommt zu Schwinden.

Seine Entzifferung: Das in Frankreich nach römischer Art dargebotene Schmierenkomödiantentum bietet für die Menschen keine Heimstatt. Was Wunder, dass sie enttäuscht sind. Man bietet statt Glaube Totes an. So verliert man seine Glaubwürdigkeit; denn das ist Teufelswerk.

II, 86-89

Naufrage à classe pres d'onde Hadriatique,
La terre tremble esmue sus l'air en terre mis,
Egypte tremble augment Mahometique,
L'Herault soy rendre à crier est commis.
Après viendra des estremes contrees,
Prince Germain, dessus le trosne doré:
La servitude et eaux rencontrees,
La dame serve, son temps plus n'adoré.
Le circuit du grand faict ruineux,
Le nom septiesme du cinquiesme sera:
D'un tiers plus grand l'estrange belliqueux,
Mouton, Lutece, Aix ne garentira.
Un iour seront demis les deux grand maistres,
Leur grand pouvoir se verra augmenté:
La terre neuve sera en ses hauts estres,
Au sanguinaire le nombre raconté.

Ernst übersetzt:

Schiffbruch der Flotte. Nah bei der Adriatischen Woge
das Ufer bestürzt, hoch hat der Wind sie aufs Land geworfen:
Ägypten hat Angst, das Islamische vermehrt sich.
Der Herold macht im Rufen bekannt, was schuldhaft geschehen.
Danach entsteht extremer Gegensatz.
Der brüderliche Fürst auf goldenem Thron:
In Dienstbarkeit, und gleich unerwartet gefundenem Wasser
dient die Dame, ihre Zeit hat keine Dauer mehr.
Des großen Umkreis ruinös gemacht.
Die Namen der Armen in der Kirche, es geschieht im Hand-
umdrehen:
Von einem Außenstehenden höchst fremdartiger Krieg.
Mouton, Paris, es steht nicht für Aix ein.
Eines Tages sind die beiden großen Meister Freunde.
Ihr großes Können sieht sich vermehrt:
das neue Land ist auf dem höchsten Gipfelglanz,
dem Blutgierigen, die Zahl nachgerechnet.

Seine Entzifferung: Das Volk hat vom vordringenden Islam gewaltigen Schaden zu gewärtigen. Über das adriatische Meer hin dringt er vor und weitet sein Herrschaftsgebiet aus. Ich sage euch: An all dem tragt ihr selbst Schuld.

Im extremen Gegensatz dazu würde eine Gesellschaft stehen, in der Humanismus zur Herrschaft gelangte. In ihrer Spätzeit versucht zwar die Kirche zu dienen und die Lehre Christi endlich wieder unverfälscht zu verkündigen; ihre Zeit ist aber abgelaufen.

Weil sie innerlich verarmte, hat sie das Abendland ruiniert. So ist sie schnell dahin. Die Osmanen bringen den Krieg (in die Provence). Und der Schafskopf, der in Paris an der Regierung ist, hilft ihnen noch dabei.

Wirken dagegen Christentum und Humanismus zusammen, so entsteht daraus viel Gutes; die Erde kann sich erneuern, und man ist bereit zu erkennen, was unter zuvor herrschenden Verhältnissen Schlimmes getan wurde.

III, 1-4:

Après combat et bataille navalle,
Le grand Neptune à son plus haut befroy:
Rouge aversaire de peur viendra pasle,
Mettant le grand Ocean en effroy.
Le divin Verbe dondra à la substance,

Comprins ciel, terre, or occult au laict mystique.
Corps, ame, esprit ayant toute puissance,
Tant soubs ses pieds comme au siege Celique.
Mars & Mercure, & l'argent ioint ensemble,
Vers le Midy extreme siccité:
Au fond d'Asie on dira terre tremble,
Corinthe, Ephese lors en perplexité.
Quand seront proche le defaut des lunaires,
De l'un à l'autre ne distant grandement,
Foid, siccité, dangers vers les frontières,
Mesme ou l'oracle a prins commencement.

Ernst übersetzt:

Hinter Land- und Seeschlacht,
der große Neptun bei seiner stärksten Arbeit.
Der rote Feind wird kräftig wegen der Angst,
so dass der Große den ganzen Ozean in Schreck versetzt.
Das göttliche Wort schenkt Wesentliches.
Darin gefasst Himmel und Erde. Gold unter Kulthandlungen
versteckt,
Leib, Seele, Geist hat der Staat ganz
so sehr unter seinen Füßen, wie es beim himmlischen Sitze (ist).
Mars und Merkur und das Geld verbinden sich.
Gegen Süden zu äußerster Trockenheit.
Aus der Tiefe Asiens glaubt man, dass die Erde erbebt.
Korinth, Ephesus sind davon in Ratlosigkeit gestürzt.
Wenn die mondhaften Fehler beisammen sind.
Zwischen dem einen und dem anderen kein weiter Weg:
Kälte, Trockenheit, Gefahren für die Hirne,
zugleich dafür, wo Glaubenswahrheiten grundgelegt sind.

Entzifferung: Hinter dem, was Staat und Kirche an Streit auslösen, kann man die höchste Kraft der Zerstörung erkennen. Aus Angst glaubt man, dem vermittels der Inquisition beizukommen. Damit aber erregt die katholische Kirche erst recht die dunklen Triebe der Massen.

Dabei hat uns doch Gott selbst den Weg gewiesen, welcher Art rechte Führung sein sollte. Bei der Kirche ist alles unter Äußerlichkeiten verschüttet. Kirche wie Staat haben statt dessen in ihrem Führungsstil Leib, Seele und Geist mit Füßen getreten.

Heute sind Engstirnigkeit, Geschäftssinn und Geld verbunden. Was den Menschen wärmen sollte, hat ihn ausgetrocknet. Zur gleichen Zeit

erweitert der Islam seinen Machtbereich. Griechenland hat er schon an
sich gerissen.

Die Fehler der Leidenschaft liegen alle nahe beieinander. Sie sind:
Starrsinn, Engstirnigkeit, innere Leere, Unterdrückung des Denkens,
selbst für die Dinge, die dem Glauben zugrunde liegen.

IV, 40-45:

Les forteresses des assiegez serrez,
Par poudre à feu profondez en abysme,
Les proditeurs seront tous vifs serrez,
Onc aus sacristes n'advint si piteux scisme.

Gymnique sexe captive par hostage,
Viendra de nuict custodes decevoir,
Le chef du camp deceu par son langage,
Lairra à la gente, ferra piteux à voir.

Geneve & Langres par ceux de Chartres & Dole.
Et par Grenoble captif au Montlimard,
Seysset, Lozanne, par fraudulente dole,
Les trahiront par or soixant marc.

Seront ouys au ciel les armes battre:
Celuy an mesme les divins ennemis,
Voudront loix sainctes iniustement debattre,
Par foudre & guerre bien croyans à mort mis.

Deux gros de Mende, & de Roudés & Milhau,
Cahours, Limoges, Castres malo sepmano
De nuech l'intrado, de Bordeaux un cailhau,
Par Perigort au toc de la campano.

Par conflict Roy, regne abandonnera,
Le plus grand chef faillira au besoing,
Mors prosligez peu en rechapera,
Tous destrauchez, un en sera tesmoing.

Ernst übersetzt:

Die Festungen von Belagerten geschlagen.
Durch Schießpulver die Erschütterten in den Abgrund:
Die Herauskommenden werden lebendig zerteilt.
Nie näherte sich den Dienern der Kirche so elendes Schisma.
Griechengeschlecht ist durch den Krieg gefesselt,
es kommt aus dem Dunkel die Wärter zu täuschen:
der Feldherr gleich seine Truppe enttäuscht.
Das Volk geht weg, es wird Schlimmes ertragen (müssen).

Genf und Langres gleich denen von Chartres und Dole,
und gleich Grenoble im Gebiet von Montelimar
gepfändet. Lausanne bereitet trügerische Machenschaft vor.
Sie begehen um sechzig Goldmarks Willen Verrat.
Am Himmel hört man Waffenklirren.
Dies ist genauso den göttlichen Dingen Feind.
Unrechtmäßigerweise wollen sie heilige Gesetze niederschlagen,
gleich dem Blitz. Wahre Gläubige niedergemacht.
Stürmische Glaubensrichtung von Mende, Rodos und Millau,
Cahors, Limoges, Katharer: wehe Septimanien!
Aus dem dunklen Norden der Zug, von Bordeaux ein Stein,
durch das Perigord vom Heerhaufen.
Durch Königsstreit verwahrlost die Herrschaft,
der höchste Grundsatz leidet dabei Not.
Niedergeschlagen, wenig überdauert davon,
alles zerstört. Einer gibt davon Zeugnis.

Seine Entzifferung: Gleichzeitig gehen christliche Konfessionen mit beispielloser Härte gegeneinander vor. Die jeweils Besiegten werden brutal abgeschlachtet. Es gab zwar schon oft Glaubensspaltung, aber wie sich Christen heute gegeneinander verhalten, das ist schlimmer als je zuvor.

So sieht man alte Weisheit am falschen Platze. Lasst euch nicht täuschen: Herren wie Volksmassen unterliegen dieser Täuschung. Auch das Volk entfernt sich von der Leitlinie des lebendigen Glaubens und hat deshalb Schlimmes zu erdulden.

Nämlich: Die Calvinisten durch die Katholiken und umgekehrt und genauso durch die wilden Bilderstürmer. Auch durch die Wiedertäufer geschieht Schlimmes. So wird Christus von allen Seiten verraten.

Um Glaubensfragen willen führen sie nämlich alle Krieg. Krieg, der ja gerade ein Feind der Lehre Christi ist; dessen Gesetze zertrampeln sie und gleichzeitig töten sie dabei wahre Christen.

Die wilden Vorstellungen der Albigenser und Katharer haben Gleiches an Unheil für Südfrankreich bewirkt wie jetzt die neuen, dumpfdunklen Ideen aus dem Norden. Genau wie sie geben auch die Kirchenoberen dem fanatisierten Volk Steine statt Brot.

Weil die Mächtigen miteinander im Streit liegen, muss das Land verwahrlosen. Dabei bleibt das Fundament christlich-abendländischen Geistes zum größten Teil auf der Strecke. Das aber ist es, wovon ich hier Zeugnis ablege.

Doch so sehr Ernst sich auch bemüht, Nostradamus eine enge Ver-
bundenheit mit den großen Humanisten seiner Zeit zu soufflieren: Über
dessen vierjährigen Aufenthalt bei Julius Cäsar Scalinger und über die
Art der Zusammenarbeit der beiden Gelehrten wissen wir nur wenig –
außer, dass sie um 1538 abrupt endete. Nostradamus mag durchaus das
humanistische Ideal einer antiken Gelehrsamkeit und einer sittliche wie
geistige Bildung vereinigenden Menschlichkeit geteilt haben – aber
kaum das einer diesseitsorientierten Lebensgestaltung.

Nostradamus sei darüber hinaus – wie die humanistischen Geistes-
größen seiner Zeit – von einem „tiefen Mißtrauen" gegen die entschei-
denden Reformatoren Martin Luther und Jean Calvin erfüllt gewesen,
kolportiert Ernst weiter. Doch auch das ist fragwürdig. Denn die Korres-
pondenzen von calvinistischer Prädestinationslehre, die die Freiheit des
menschlichen Willens bestreitet, und astrologischer Zukunftsgewissheit
erschienen „durchaus nicht so abwegig", bemerkt Frank Rainer Scheck:
„Wiewohl schon die Calvinisten der ersten Stunde, so etwa Théodore de
Bèze, Stellvertreter Calvins, gegen Nostradamus polemisierten, gewinnt
man den Eindruck, dass es hier unausgesprochene ideologische Gemein-
samkeiten gibt."

Nostradamus: ein paranormal begabter Seher? Ein geschäftstüchtiger
Scharlatan? Ein Historiker? Ein Literat, dessen „Vorhersagen" lediglich
rhetorische Figuren ohne prophetischen Anspruch sind? Oder ein huma-
nistischer Philosoph, der ähnlich wie in Platons Höhlengleichnis an den
Wänden seiner Dachkammer die dunklen Schatten des Spätmittelalters
irrlichtern sieht und seinen Zeitgenossen in vierzeilige Gleichnisse übersetzt? Wohl ein bisschen von allem. Nimmt man Nostradamus die
Maske des Propheten vorsichtig vom Gesicht, erblicken wir das, was die
Soziologie heute einigermaßen pompös als Neuheit verkündet – nämlich
eine Patchwork-Identität. Nicht nur zwei Seelen wohnten in seiner
Brust. Sondern anscheinend eine ganze Großfamilie.

Kapitel 5
Nostradamus: ein „Jules Verne der Renaissance"

Was ist unglaubwürdiger als ein Hellseher, der „Wer ist da?" fragt, wenn jemand an seine Tür klopft? Ein „Prophet der Weltgeschichte", der bei der Abfassung seines Testaments „alle nur denkbaren Möglichkeiten einkalkuliert". (Ernst, 1986) – Selbiges tat Nostradamus an jenem 17. Juni 1566, als er dem Saloner Notar Joseph Roche seinen letzten Willen diktierte. Hat er sich damit selbst als Hochstapler geoutet? Trifft der lateinische Spottspruch zu, den der calvinistische Reformator Theodor de Bèze aus seinem Namen komponiert haben soll? „Nostra damus cum falsa damus, nam fallere nostrum est; Et cum falsa damus, nil nisi nostra damus." Zu Deutsch etwa: Wir geben das Unsere, wenn wir Falsches behaupten, denn Falsches zu sagen ist unsere Art. Und wenn wir Falsches behaupten, tun wir nichts anderes, als das Unsere zu geben. Auch der französische Dichter Pierre Corneille mag den großen Nostradamus bedacht haben, als er um 1680 in *Le Feint Astrologue* die Rituale der Scharlatane parodierte: „Er betrachtet den Himmel in finsterster Nacht, wälzt ein dickes Buch und malt tausend Figuren." Dunkelheit, Dreistigkeit und Beschwörung des Zufalls – das ist in Corneilles Poesie der Dreiklang, mit dem Astrologen die auf Mystik und Magie gestimmten Saiten der menschlichen Seele zum klingen bringen:

Oft prophezeit sich's mit dem Zufall recht gut:
Nur müsst ihr viel Kunst darauf verwenden,
nichts mit Sicherheit zu behaupten,
über das Heute, das Gestern wenig sprechen,
und stets von der Zukunft dunkel reden.

Oder verhält es sich in Wahrheit genau umgekehrt? Hat Nostradamus Mitte des 16. Jahrhunderts stets vom „Heute" und „Gestern" und nur wenig von der Zukunft gesprochen? Zum „Jules Verne der Renaissance" stuft ihn das französische Fremdenverkehrsamt in einer Tourismus-Broschüre zurück – nach jenem bieder-konservativen Stadtrat von Amiens, der mit seinen anarchistischen Phantasien der Science-fiction unseres Jahrhunderts ein Grundmuster lieferte. So sehr diese sich ins technisch Aberwitzige verlieren mag, bleibt sie doch Tagtraum „und damit jener Gegenwart verhaftet, deren Nöte sie kompensiert", schreibt der Wissenschaftsjournalist Gero von Randow. Und in der Tat könnte diese Einschätzung auch die Schriften des Nostradamus auf das Trefflichste charakterisieren.

„Ich habe dem weisesten und klügsten Fürsten meine nächtlichen Prophezeiungen und Urberechnungen gewidmet", erklärt Nostradamus in der Epistel an Heinrich II., „welche mehr durch den natürlichen Instinkt, begleitet von feuriger Dichtung, als nach den Regeln der Poesie entstanden. Und den größten Teil habe ich angepasst an die astronomische Berechnung." In diesen zwei Sätzen fließen alle Farben und Schattierungen der *Centurien* zu einem stimmigen Bild von der Methodik des Autors zusammen:

„Einige Male in der Woche", heißt es in der Vorrede an seinen Sohn César, zieht sich Nostradamus etwa von Mitternacht bis vier Uhr früh in die Dachkammer seines Hauses in Salon zurück. In ein langes, kostbares Gewand gehüllt, sitzt er auf einem dreibeinigen Stuhl aus Messing oder Bronze und rührt mit einem Zweig in einer mit Wasser gefüllten Schale. So wartet er auf den „Anflug des Göttlichen, der durch den Weg des himmlischen Geistes den prophezeienden Menschen eingegeben wird". (Brief an César) Nostradamus inszeniert sich selbst nicht eben unbescheiden als Antenne für ein höheres Wissen: „Nur die vom göttlichen Hauch Inspirierten können weissagen, und der prophetische Geist insbesondere."

Gleichwohl er betont, dass letztendlich „die zukünftigen Vorfälle der menschlichen Bestimmung ungewiss sind und alles durch die Macht des unberechenbaren Gottes regiert wird", nimmt er für sich in Anspruch, eben von diesem unberechenbaren Gott mit der Gabe der Prophetie gesegnet zu sein: „Dennoch können in der Gegenwart Personen sein, welchen Gott der Schöpfer durch bildliche Eindrücke einige Geheimnisse enthüllen wollte." Hier unterscheidet sich Nostradamus kaum von heutigen Esoterikern, nach deren Ansicht mit einem Platz in den „himmlischen Sphären" rechnen kann, wer den göttlichen Funken in sich entdeckt und das spirituelle Feuer entzünden will. Und auch seine Motive erscheinen reichlich konventionell und entbehren jeder Originalität: „Die Geschichte der Prophezeiungen ist die Geschichte einer großen, nie getilgten Angst", schreibt die Weltanschauungsbeauftragte der Erz-diözese Wien, Friederike Valentin. Auch der Seher von Salon erscheint viel weniger als „das Musterbeispiel eines talentierten Scharlatans" (Georges Minois) denn als ein Geschöpf der Angst: Hineingeboren in eine Zeit extremen Umbruchs, wankte und schwankte seine unfeste Persönlichkeit zeitlebens. Man erkennt eine zitternde Seele, in Schrek-ken versetzt durch das zeitgenössische politische Chaos und den forcier-ten kulturellen und religiösen Wandel des 16. Jahrhunderts. (Scheck, 1999)

Seine so gewonnene „lange, schwermütige Eingebung" (Brief an César) – ob man sie nun als ekstatische Selbsthypnose oder echte über-sinnliche Vision versteht, mit oder ohne Absinth gewonnen (Scheck) – bringt Nostradamus erklärtermaßen sodann „in Übereinstimmung mit der vernünftigen Astrologie". Was das bedeutet, rekonstruiert der ameri-kanische Autor Edgar Leoni so: „Angenommen, er hatte ein Geschehnis gesehen, das ein Unglück für eine italienische Hafenstadt anzuzeigen schien, so hätte er in diesem Fall Horoskope für Venedig, Genua etc. erstellt. Ging aus einem dieser Horoskope eine drohende Katastrophe hervor, so war das Problem für ihn gelöst." Die Frage, ob Astrologie tatsächlich „funktioniert" oder nicht, ist dabei kaum von Belang, da sie hier lediglich einem ohnehin rein subjektiven, mystischen Weltbild genügen muss. Kaum anders als die heutigen Astrologen tappte auch Nostradamus unbewusst in die Falle der so genannten Selbstattribuie-rungs-Effekte. Darunter versteht man das Phänomen, dass sehr stark an der Astrologie orientierte Personen tendenziell ihre Persönlichkeitsstruk-tur an die Forderungen der Sterndeutung anpassen: Psychologische Pro-jektionen sorgen unter anderem dafür, dass im Nachhinein mehrdeutige Prognosen mit konkreten Ereignissen in Verbindung gebracht werden. Nostradamus' Praxis der astrologischen Überprüfung seiner Visionen scheint daher weniger mit tatsächlichen Ereignissen zu korrespondieren als vielmehr mit dem in der Soziologie wohlbekannten Thomas-Theorem: Danach sind Situationen, die von Menschen als real definiert werden, auch in ihren Konsequenzen real, obwohl der ursprünglichen Situation objektiv gar kein Realitätsstatus zukommt. Kurioserweise bestätigt niemand Anderes als Nostradamus selbst ungewollt diese psy-chosoziale Deutung seines Denksystems. Denn gerade aus astrologie-gläubiger Sicht dürften seine Berechnungen gar nicht stimmen, da zu seinen Lebzeiten die drei äußersten Planeten Uranus, Neptun und Pluto

noch gar nicht entdeckt waren und somit deren „Einflüsse" unberück-
sichtigt blieben.

Neben dem „natürlichen Instinkt", also der göttlichen Inspiration,
und der Himmelsbeobachtung nennt Nostradamus in seinem Brief an
César noch eine dritte Quelle für seine Verse: „Sieh, dass alle erhaltene,
prophetische Inspiration ihren hauptsächlich bewegenden Ursprung in
Gott dem Schöpfer hat, dann in der Zeit und der Natur."

Eine bemerkenswerte Aussage, die exakt auf Schecks „grundlegende
Erkenntnis" passt, dass Nostradamus nur mit dem Material prophetisch
„arbeiten" konnte, das ihm zur Verfügung stand. Also mit historischen
Geschehnissen und Mustern, die ihm bekannt waren und typisch erschienen: So wie es einst in W mit X geschah, so wird es in Y mit Z
geschehen. Dabei legt Nostradamus – wie denn auch anders – die Wahr-
scheinlichkeiten seiner Zeit zugrunde. Alle seine rhetorischen Verdunke-
lungen wären zu einem uninteressanten Gestammel ausgeartet, hätte
Nostradamus sie ohne Anknüpfungspunkte an den Erfahrungshorizont
seiner Zeitgenossen gelassen. Sein retroaktives Konstruktionsprinzip rief
bei seinen zeitgenössischen Lesern zugleich „eine freilich nie recht
greifbare Vertrautheit mit dem Material hervor: ein Déjà-Vu-Erlebnis,
einen seltsam bekannten memorativen Klang. Die Weissagungen rück-
ten damit in eine Aura der Plausibilität. Dieser erste Eindruck wurde
noch verstärkt und vollendet durch das zweite Konstruktionsprinzip:
Durch das Einstreuen von Konkreta, von zahlreichen Ortsnamen und
hochherrschaftlichen Namens-Chiffren wie Chiren für Henri (= Heinrich), ließ Nostradamus aus der dunklen Erinnerung an vage bekannte
historische Vergleichsfälle eine prophetische Authentizität aufleuchten,
die suggestiv wirkte." (Scheck, 1999) So suggestiv, dass bis heute viele
Jünger des Psycho-Poeten in der Metaphorik seiner Gänsehaut-Chronik
eine Art Übungsterrain erblicken, die eigene spirituelle Kraft, die eigene
Medialität zu erproben. Dabei dürfte es „für das Verständnis der rätselhaften Begriffe ebenfalls keinen phantastischen Schlüssel geben",
schlussfolgert der Schweizer Historiker und Nostradamus-Übersetzer
Jean-Claude Pfändler: „Man ist dabei schlicht und einfach jedesmal aufs
Neue auf seine Schulbildung angewiesen." Etwa um zu durchschauen,
dass „Norlaris" „die Lothringer" (Lorrains) bedeutet und „rapis" als
„Paris" gelesen werden soll.

„Und vor allem war er Dichter!" erinnert Elmar R. Gruber zu Recht:
„Nostradamus war eine sehr interessante, humanistisch und universal
gebildete Persönlichkeit, der typische Gelehrte seiner Epoche, der Re-

naissance, sowohl dem Studium der antiken Autoren hingegeben als auch bereit, im Experiment die neue Naturforschung zu erkunden. In seiner Beschäftigung mit okkulten Dingen und Weissagungen ist er ein Repräsentant jener historischen Schnittstelle, an der das mythische und das rationale Denken endgültig auseinanderfielen. Er war beiden Welten verpflichtet, und nur unter diesem Gesichtspunkt wird uns sein Werk verständlich."

Schon in den ersten beiden Quartains der I. Centurie weist sich Nostradamus als Zitierer klassischer Vorbilder aus:

Ich sitze in der Nacht bei geheimer Beschäftigung,
ich bin allein und habe auf dem Sitz aus Bronze Platz genommen.
Eine kleine Flamme steigt aus der Einsamkeit empor,
und läßt zum Vorschein kommen, woran man nicht vergeblich glaubt.
Ich habe die Rute in der Hand, die im Reich des Branchus verwendet wird.
Mit der Welle benetzt er sowohl den Saum meines Gewandes als auch meinen Fuß.
Ein Zittern und eine tönende Stimme werden durch die Unvollständigen hervorgerufen.
Göttlicher Glanz. Das Göttliche lässt sich nahe bei mir nieder.
(Pfändler, 1996)

Hierbei handelt es sich um die beinahe wörtliche Wiedergabe eines Textes namens *De mysteriis Aegyptiorum* (Von den Geheimnissen der Ägypter) des Griechen Iamblichus von Chalkis (um 335 n.Chr.), der gegen Ende des 15. Jahrhunderts von Marsile Ficin ins Lateinische übersetzt worden war und später auch von dem Florentiner Humanisten Pietro Crinito in dessen Buch *De honesta disciplina* nachgedruckt wurde. (Prévost, 1999) Iamblichus beschreibt darin das antike Orakel von Delphi und die Methode der Pythia, der Priesterin des Apollo. Branchus von Milet (Quartain 2, Zeile 1) erhielt der Sage nach ebenfalls vom griechischen Gott Apollo die Gabe der Prophetie geschenkt. Die Seherinnen des antiken Branchus-Kults um die bedeutende Orakelstätte Didyma in Kleinasien benutzten für ihren Ritus einen Zweig oder einen Stab als Brücke für den göttlichen Kraftstrom – wie Nostradamus auch.

Nostradamus' kurioser „Bannspruch gegen unfähige Kritiker" nach dem letzten Vierzeiler der VI. Centurie

Wer diese Zeilen liest, der möge sie reiflich prüfen.
Gottlose und Unwissende sollen sich nicht damit befassen.

Alle Astrologen, Toren, alle Barbaren sollen sich fernhalten.
Wer sich nicht daran hält, der sei nach heiligem Ritus verflucht.

ist ebenfalls eine nahezu originalgetreue Kopie aus dem *De honesta disciplina*. Und Strophe IV, 31

Um Mitternacht, der Mond über dem hohen Berg.
Der neue Weise, der als einziger zu sehen versteht,
wird durch seine Schüler unsterblich verehrt.
Augen gen Mittag, im Geist, Hände, Körper zum Feuer.
(Nolan, 1996)

nimmt Anleihen bei der hermetischen Schrift *Oraculum* von Nesi. Zahlreiche Vorzeichen, die Nostradamus verarbeitete, fand er in dem Werk *De Prodigiis* von Julius Obsequens.

Quartain V, 75
Er wird hoch hinaufsteigen zur Rechten.
Dort wird er sitzen bleiben auf dem quadratischen Stein:
Den Blick nach Süden gewandt zu seiner Linken,
den gekrümmten Stab in der Hand, den Mund verschlossen.
(Dumézil, 1999)

wiederum findet sich in unverkennbar ähnlicher Form in den Aufzeichnungen des römischen Geschichtsschreibers Titus Livius, der über die Erwählung des einfachen Bürgers Numa Pompilius zum König von Rom berichtet:

Also ließ er sich von dem Augur auf die Burg führen und nahm dort auf einem Stein Platz, das Gesicht nach Süden gewandt. Der Augur ließ sich mit verhülltem Haupt zu seiner Linken nieder, in der Rechten hielt er einen gekrümmten, knotenfreien Stab, den man Lituus nennt. Dann fasste er die Stadt und die römische Feldmark ins Auge, rief die Götter an und teilte von Ost nach West die Himmelsbezirke ein. (zitiert nach Dumézil, 1999)

„Bei Nostradamus entlastet der Philologe bisweilen den Seher" kommentiert der französische Orientalist Georges Dumézil diese Übereinstimmungen. Der „Seher" fabrizierte oder bereicherte zumindest die Zukunft in aller Ruhe mit Vergangenheit. Seine Gelehrsamkeit diente ihm als Inspiration. „Er borgte, wo immer es zu borgen gab", hat auch der Heidelberger Literaturwissenschaftler Gregor Eisenhauer festgestellt. Er kompilierte, was irgend zur prophetischen Poetisierung taugte: Biblisches wie Kabbalistisches, Kalenderweisheiten wie Gelehrtensentenzen.

„Nostradamus verwebt klassische Vorzeichen mit bereits eingetretenen historischen Ereignissen und münzt sie auf die sozialen und politischen Verhältnisse seiner Zeit in Mitteleuropa um", fällt Elmar R. Gruber sein abschließendes Urteil über den Provenzalen. „Dieselben Elemente benutzt er in Bezug auf eine meist unbestimmte Zukunft." Begebenheiten seiner Zeit in ein mystisches Dunkel zu hüllen und als Weissagung künftiger Dinge auszugeben – diesen Kunstgriff kultivierte Nostradamus bis zur Perfektion. Einen wirklich begabten Dichter gibt Nostradamus dabei indes nicht gerade ab – von einem „Werk der Weltliteratur", wie einige Nostradamisten die Centurien schwärmerisch überhöhen, kann keine Rede sein. Im Gegenteil: Ihre grammatikalische Unbeholfenheit ähnelt „der Sprache eines Trinkers", wie ein Kritiker anmerkte. Die Zeichensetzung erscheint völlig willkürlich, die Vermengung einer Vielzahl poetischer Stilmittel wie Anagramme, Neologismen, Synkopen, Metaphern etc. übermotiviert. Der literarische Gehalt ist es ganz sicher nicht, was den hartnäckigen Erfolg der Nostradamus-Centurien ausmacht. Sondern viel eher die kryptische Dunkelheit der Verse, die gekonnt die Lust am Rätselraten bedient. Die Vagheit der Quartains diente mitnichten nur der Irreführung inquisitorischer Neugierde; sie war vielmehr wesentliches Ingrediens der Prophezeiungen selbst. Denn: Je unpräziser die Voraussage, desto unwahrscheinlicher ihre Widerlegung. Je rätselhafter ihre Form, desto enthusiastischer die Deutung. Orakel sind stets unklar, und je eindrucksvoller sie die Unwägbarkeit der Zukunft spiegeln, desto höher ihr Wahrheitswert – so zumindest flüstert es der gesunde Menschenverstand. (Eisenhauer, 1994)

Die Attraktivität von Nostradamus' katastrophaler Nachrichten-Mixtur liegt darüber hinaus in ihrer Zeitlosigkeit begründet. Wie ein unzerbrechliches Spielzeug können sie immer und immer wieder neu benutzt werden, als Resonanzboden herumschwirrender Phantasien, die in jedem Jahrhundert von guter Hoffnung wie von bitterer Angst erfüllt sind. Der Prophet aus der frühen Neuzeit wird zur apokalyptischen Kultfigur, zum okkulten Lotsen durch die Wirren der Gegenwart.

Ein „französischer Janus", wie Chavigny 1594 seine Biografie überschrieb, war Nostradamus wohl tatsächlich. Allerdings balancierte sein doppelbödiger Charakter nicht nur zwischen den beiden Polen Vergangenheit und Zukunft, sondern auch zwischen Sendungsbewusstsein und Geschäftstüchtigkeit. In einer Epoche, da sich noch keine klare Trennung zwischen Wissen und Glauben herausgebildet hatte, konnte ein Prophet die Grenzen „reiner" Weissagung jederzeit überschreiten: „Er durfte witzig sein, raffiniert und ausgekocht. Einem großen Gelehrten der Nostradamus-Zeit war die gesamte Bandbreite an Kenntnissen zuzutrauen, der allgemeinen wie auch der geheimen, der rationalen wie auch der transzendenten." (Klein, 1999) Und dies nutzte Nostradamus weidlich. Sei es sein Vexierspiel-Horoskop für den Bischof von Orange (siehe S. 20), seien es seine jährlichen Almanache, die anscheinend in unterschiedlichen Versionen mit teils gegenteiligen Prognosen im Umlauf waren – der Mann, der angeblich das Morgen sah, ließ nur wenig unversucht, um aus dem grünen Holz seiner visionären Produktivität einen veritablen Mythos auszusägen. Er sehnte sich schon zu Lebzeiten nach Anerkennung und „prophezeite" leicht verbittert, seine Popularität werde in späteren Epochen steigen. Zumindest mit dieser Prognose traf Nostradamus ins Schwarze. (Stamm, 1998)

„Nostradamus, das ist die zirzensische Achterbahn, auf der man Angst und Selbstberuhigung zugleich erfährt", urteilt Scheck über die *Centurien*. „Gegen die Angst, geboren aus bedrängten Zeitläufen, schafft die angebliche Vorhersehbarkeit des Unglücks eine gewisse Selbstberuhigung. Und wie, wenn es sogar möglich sein sollte, durch die Enträtselung der nostradamischen Orakelsprüche profunde Lebenssicherheit zu gewinnen?" Doch Letzteres wird wohl ein frommer Wunsch bleiben. „Die Kinder in der siebten Klasse der Hauptschule, die ich leite, sprachen in meinem Religionsunterricht sofort über die Prophezeiungen des Nostradamus", gab die Münchner Hauptschullehrerin Gertraud Wagner im April 1999 dem *Focus*-Magazin zu Protokoll. Die zwölf- und 13jährigen Schüler waren von den hanebüchenen Spekulationen der Boulevardpresse über Nostradamus' angebliche Weltuntergangs-Prophezeiungen im Zusammenhang mit dem Kosovo-Krieg zutiefst verängstigt.

Als einige Nostradamus-Interpreten 1988 ein verheerendes Erdbeben zwischen Los Angeles und San Francisco ankündigten, fand ein „Überlebenskoffer" zum Preis von 45 Dollar reißenden Absatz. Inhalt: Wasser, Verbandszeug, eine Taschenlampe und andere Nothelfer. Doch solches Angstvermeidungsverhalten vermittelt allenfalls die Scheinsicherheit, Gefahren kontrollieren zu können. Mit diesem Versuch der Prävention werden individuelle Ängste neu ausgerichtet und verlagert. In den Vordergrund treten die Fragen, ob die getroffenen Vorsichtsmaßnahmen und die angelegten Vorräte ausreichen und ob alle Vorankündigungs-Ereignisse erkannt werden können, um sich rechtzeitig in Sicherheit zu bringen. Einerseits scheinen diese Ängste besser kontrollierbar und leichter „handhabbar" als individuelle Lebensängste, die häufig diffus erlebt werden und deren Bewältigung den Menschen existenziell fordern. Andererseits entstehen durch die Verlagerung von Lebensängsten sekundäre Ängste, die sich vom eigentlichen Grund des Menschen abgelöst haben und auf äußere Gegebenheiten, Personen oder Personengruppen projiziert werden. Wer aber flüchtet, der verliert das Gefühl für die eigenen Wurzeln. (Valentin, 1997) „Wohlstandsbürger überkommt beim gemeinsamen Schlusschor ein wohliger Schauer. Die Unkenruferei lenkt elegant vom eigenen schlechten Gewissen ab", formuliert es der *Geo*-Journalist Michael Miersch noch schärfer: „Unabwendbare Weltuntergänge haben Vorteile. Sie verlangen keinerlei Konsequenzen für das Handeln und verleihen dem Fatalisten das Flair vergeistigter Schwermut."

Zumindest geahnt hat Nostradamus dies anscheinend selbst. So schreibt er im Brief an César: „Ich bitte dich auch, mein Sohn, beschäftige niemals deinen Verstand mit solchen Träumereien und Wahngebilden. Sie trocknen den Körper aus, stürzen die Seele ins Verderben und verwirren die schwachen Sinne." In einem 15-Millionen-Mark teuren Nostradamus-Spielfilm unter der Regie des Oscar-Preisträgers Roger Christian von 1994 wird der große Seher alias Tcheky Karoyo am hell-lichten Tag unvermittelt heimgesucht von schrecklichen Visionen, in denen Bomben fallen, Panzer feuern und Soldaten im Kugelhagel sterben. Gequält ruft Nostradamus aus: „Bitte hört auf!" Vielleicht sollten sich davon vor allem seine modernen Interpreten und allzu leichtgläubigen Fans angesprochen fühlen.

Kapitel 6
Anschwellender Schwanengesang:
Wahrsager als Versager

Man wird ja wohl mal fragen dürfen: „Sagen Sie mal, Frau Nagel, wieso sind eigentlich 1998 nicht die Eifel-Vulkane ausgebrochen? Wieso wurde Norddeutschland nicht überflutet? Wieso sind die Russen nicht einmarschiert? Wieso ist die Erde im August 1999 nicht von einem gigantischen Meteor getroffen worden? Wieso sind Kalifornien, Japan und Indien nicht im Meer versunken? So, wie Sie es in dem Orakel-Schmöker *Die Siebte Offenbarung* vorhergesagt hatten?" Die Dame am anderen Ende der Leitung scheint keineswegs indigniert. „Weil die Zeit dafür noch nicht reif war!" antwortet sie im Brustton der Überzeugung. Aber immerhin habe sie diese gar schrecklichen Ereignisse doch ausdrücklich für die Jahre 1998 und 1999 datiert, beharrt der Autor dieses Buches. Ach ja, seufzt die „Heilpraktikerin und Hellseherin" aus Moers vernehmlich, dazu sei sie vom Herausgeber der besagten Lektüre massiv gedrängt worden. „Richtig genagelt hat der mich!" versteigt sich Frau Nagel zu einem gewagten Wortspiel. Aber keine Sorge, tröstet sie ihren Anrufer, alles werde genau so eintreffen. Und wann? „Irgendwann eben."

Fest steht dagegen: Auch 1999 drohte die Apokalypse wieder einmal nur im Kino, in Hollywood-Desasterstreifen wie „End of Days – Nacht ohne Morgen". Im richtigen Leben brach weder das globale Finanz- und Wirtschaftssystem zusammen noch riss das Ozonloch auf oder starben Milliarden von Menschen an einer weltweiten Hungersnot infolge von Dürre oder Dauerfrösten. Das von vielen Hellsehern und Astrologen prophezeite „Jahr der großen Katastrophen" endete eher als Jahr der großen Blamagen für die professionelle No-Future-Front. Allein der bizarr anschwellende Schwanengesang in besagter Astroflauten-Sammlung *Die Siebte Offenbarung* sollte eigentlich genügen, um das fragwürdige Lebensmotto „Gestirn statt Gehirn" für alle Zeiten auszulaugen. „Die Atmosphäre riecht nach Rauch und Smog. Schwarze Qualmwolken liegen bodennah über weiten Gebieten der Erde. Sie stammen von gigantischen Bränden und verheerenden Vulkanausbrüchen. Die Erde bebt Anfang 1999 noch immer", halluziniert zum Beispiel die ehemalige Apothekenhelferin Karin Nagel, die sich seit 1990 von außersinnlichen Wahrnehmungen befeuert wähnt. Und das kam so: Wie an einer Schnur gezogen sauste ihr Geist während einer Meditation in eine silberne Scheibe am Himmel. Im Inneren des Ufos („allerneuste Technik") wurde sie von Außerirdischen begrüßt: „Zwei Meter groß, schlank, bronzefarbene Haut und lange, blonde Haare." In einem runden Raum wurde sie dann wegen eines Schockerlebnisses behandelt: „Ich hatte den Beginn des Golfkrieges gesehen, ohne die Vision zu verstehen." Nach der außerirdischen Zuwendung jedoch hatte sie verstanden: „Da wusste ich, wozu ich fähig bin." (Schmalenberg, 1999)

Vor Erdbeben etwa plagt Karin Nagel Schwindel, vor Stürmen Herzklopfen, vor Störfällen im Atomkraftwerk Übelkeit, vor Vulkanausbrüchen Panik, vor Stromausfällen seitliches Schütteln, vor Flugzeugunglücken Depression und Angst, vor einem Mordanschlag auf Politiker starke Traurigkeit und grundloses Weinen, für Brände hat sie kein Gefühl. „Aber wenn was mit den Himmelskörpern ist, dann reißt es mir den Schopf nach oben!" Dem nüchternen Leser der *Siebten Offenbarung* dagegen reißt es beim Nagelschen „Schreckens-Szenario" für 1999 eher die Mundwinkel nach oben: „Große Fluten haben Norddeutschland, Dänemark, Holland und die Küsten von Belgien und Frankreich überschwemmt. Im August trifft ein weiterer großer Meteor (Asteroid) die Erde und leitet gigantische klimatische und geologische Umwälzungen ein. Damit ein Teil der Menschheit diese Großkatastrophe überlebt, bekommt sie Hilfe von den kosmischen Mächten. Diese Zeit ist der Höhepunkt der Erdreinigung. Die Sonne wird nun auf der gereinigten Erde im Westen aufgehen." Aber lassen wir das. Denn Kritikern prophezeit Frau Nagel Fürchterliches: Wenn es dann aber soweit sein wird, dann sei nicht „diese Uriella", sondern sie die erste Ansprechpartnerin für die außerirdischen Retter. „Jeder darf dann mit", sagt sie mit ernster Miene. Und mit triumphierendem Lächeln fügt sie hinzu: „Nur nicht Reporter, die schlecht über mich schreiben."

Gänzlich ins unfreiwillig Komische gleitet *Die Siebte Offenbarung* dann auf der allerletzten Seite ab. Herausgeber Ray Nolan sieht sich am

Tag X über eine sterbende Erde kriechen, „abgerissen, in Lumpen gehüllt, mit den ausgelatschten Schuhen meines toten Nachbarn". Nachts
gräbt er sich ein Loch, über das eiskalt die neuen Sommerstürme fegen.
Er äugt vorsichtig über den Rand seiner Höhle in eine menschenleere
Welt und sinniert: „Wir haben wirklich alles falsch gemacht. Und wir
hören einfach nicht damit auf." Ende. Dieses resignierte Fazit auf seine
Autoren anzuwenden, kam Nolan erst nach dem Jahreswechsel 1999/
2000 in den Sinn: „Leger gesagt: Wir wurden verarscht und ausgetrickst.
O Gott, das tut weh...", jammert der in Paraguay lebende Vielschreiber
auf seiner Internet-Seite. Vor allem gegen Karin Nagel wütet er: „Ich
denke, die Dame hat schlichtweg einen Knall, und irgendeine zuständige
Behörde in Deutschland sollte ihr das Handwerk legen." Was bleibe, sei
die „bittere Erkenntnis, dass wir religiösen Spinnern, Scharlatanen und
Betrügern auf den Leim gegangen sind." Merkwürdigerweise scheint
Nolan dennoch keine Veranlassung zu sehen, die Werbung für sein
Bluff-Buch *Die Siebte Offenbarung* von seiner Homepage zu entfernen.
Warum auch? „Egal, wie oft Sie sich irren: machen Sie unverdrossen
weiter!" schreibt der US-Okkultkritiker James Randi in seinen ironi-
schen „Regeln für erfolgreiches Hellsehen": „Die Gläubigen werden von
Ihren Fehlern keinerlei Notiz nehmen und weiterhin an Ihren Lippen
kleben!" So scheint es in der Tat. Rechtzeitig vor dem Jahreswechsel lag
an den Kiosken das Orakel-Heftchen *Schicksalsjahr 2000* von Elizabeth
Teissier aus – jener „Star-Astrologin", die für die Sonnenfinsternis am
11. August 1999 den Absturz der Cassini-Sonde angekündigt hatte. Und
schon auf Seite 24 erfährt der staunende Leser: „Und wieder hatten die
Sterne Recht!" Das Society-Blatt *Bunte* sprang hilfreich bei und be-
scheinigte der Ex-*Astro-Show*-Moderatorin im Jahresrückblick eine
Trefferquote von „99 Prozent". Wie das?

„Der genauen Wahrheit halber", hebt die Teissier in *Schicksalsjahr
2000* ehrfurchtgebietend an, „möchte ich hinzufügen, dass ich in meinen
Prognosen für die Tage um die Sonnenfinsternis tatsächlich wiederholt
auf ein Ansteigen von Naturkatastrophen, speziell Erdbeben, hingewiesen hatte." Und tatsächlich kostete ein schweres Erdbeben in der Türkei
am 16. August zigtausend Menschen das Leben. Ein Beweis für die
Sehergabe der Selbstdarstellungs-Meisterin? Nein, sondern simple Methode: Im Special „Prophezeiungen" der Eso-Postille *Magazin 2000*
schrieb Teissier Anfang 1999:

*Fest steht jedenfalls, dass diese Sonnenfinsternis außergewöhnlich
ist. Auch aus astrologischer Sicht ist es ein ungewöhnliches kosmisches*

Ereignis. Die Konstellation zeigt große Spannungen, da fast alle Planeten in den Zeichen Löwe, Skorpion, Wassermann und Stier stehen und einen Quadrataspekt bilden. Die Position von Uranus zeigt an, dass tatsächlich etwas Außergewöhnliches im Zusammenhang mit Himmel, Weltraum oder Flugobjekten passieren könnte. Dazu kommen schwierige Aspekte zwischen Merkur, Jupiter und Neptun, was auf Umweltprobleme hinweist (auch Überschwemmungen oder Einsatz von chemischen Waffen!). Außerdem sind die Spannungswinkel zwischen Mars, Uranus und Saturn Hinweise auf kriegerische Handlungen, Explosionen und (Natur-) Katastrophen. Die Position der Mondknoten-Achse steht schließlich symbolisch dafür, dass diese Ereignisse kollektive Auswirkungen haben. Diese seltene Konstellation betrifft außerdem die Staatshoroskope mehrerer Länder wie USA, Frankreich, Deutschland, Irak, Israel etc. und hat eine gewisse Ähnlichkeit mit der Periode des Golfkrieges. Schließlich ist die internationale Lage im Juli und August ohnehin äußerst kritisch, da es um den 20. Juli zu den schwierigen Aspekten zwischen Saturn, Jupiter und Neptun kommt, die auch ohne Sonnenfinsternis bereits auf Katastrophen hinweisen.

Mit anderen Worten: Die Sterndeuterin hatte jede nur entfernt vorstellbare Katastrophe „vorhergesagt" – und damit zugleich nichts. Denn die einzige Kunst besteht darin, am Jahresende aus ihrem astrologischen Wortbaukasten etwas zufällig Eingetroffenes herauszupicken und über den ganzen Rest den Mantel des Schweigens zu breiten. Auf ähnliche Art und Weise lag Elizabeth Teissier auch mit dem Absturz einer *Swissair*-Maschine Anfang September 1998 vor der kanadischen Küste richtig, wie sie in *Schicksalsjahr 1999* stolz auflistete. Die geschäftstüchtige Schweizerin schreibt jedem Tag des Jahres seinen eigenen Charakter zu: Es gibt Tage, an denen die Sterne „Erdbeben und Vulkanausbrüche" erzwingen können, andere sind günstig für Schiffsunglücke, der religiöse Fanatismus hat seine besonderen Daten und so weiter. Da es jedoch nicht 365 verschiedene „Kriege, Krisen, Katastrophen" gibt, wiederholen sich die angeblichen astrologischen Dispositionen mehrfach. Außerdem können die Ereignisse nicht nur an diesem Tag eintreten, sondern drum herum gilt ein so genannter Orbis. Das heißt: Drei Tage davor und drei Tage danach zählen ebenfalls noch. Nach diesem Schema waren zum Beispiel in 1999 insgesamt 154 Tage für Flugreisende gefährlich. Also fast die Hälfte des Jahres. Weil ganz sicher nicht ein ganzes Jahr ohne Flugzeug-Absturz vergehen wird, ist es statistisch sehr wahrscheinlich, dass mindestens einer auf einen von Teissiers

„kritischen" Tagen fällt – für die Erfolgsstatistik des nächsten Heftes. Von den Flugzeugabstürzen, die geschehen, wenn astrologisch eigentlich Hochwasser dran wäre, berichtet sie natürlich nicht. (Handel, 1999)

Seit 1990 prüft der Heidelberger Soziologe Edgar Wunder vom *Forum Parawissenschaften* an Silvester nach, ob die Vorhersagen der Hellseher und Astrologen für die vergangenen zwölf Monate eingetroffen sind. Dabei hat er festgestellt: Nur vier Prozent der insgesamt 803 konkreten Prognosen von rund 200 „Sensitiven" haben sich erfüllt. Und selbst diese vier Prozent sind nach Wunders Einschätzung als Zufallstreffer zu werten, da sie sich meist auf den Ausgang von Wahlen bezogen haben – den man mit einer Wahrscheinlichkeit von 50 Prozent auch raten klann. Gar nicht erst untersucht hat Wunder solche „Zukunftsdeutungen", die lediglich bereits bestehende Trends und Tendenzen fortschreiben oder deren Eintreffen auch von jedem aufmerksamen Zeitungsleser „prophezeit" werden kann. So bündeln viele „Medien" einfach Binsen zu Weisheiten, wie etwa die Tarot-Expertin „Madame Bergier", die 1999 aus ihren Karten las: „Eine ganz deutliche Tendenz zum Anstreben von materiellen Vorteilen und Machtzuwachs ist hier gegeben. Gegen jede Vernunft werden Verträge, Gesetze oder Verordnungen boykottiert, um Zeit zu gewinnen, bis eigene gewinnversprechende Projekte und lukrative Lösungen gefunden werden. (...) Im Namen des eigenen wirtschaftlichen Überlebens werden selbst gute Konzepte von Dritten abgeblockt und lächerlich gemacht. (...) Entschlusslosigkeit und falsche Entscheidungen führen zu irreparablen Fehlern und versäumten Gelegenheiten." Wer hätte das gedacht?

Blamabel wird's, wenn es um konkrete Ereignisse geht. Die englische Astrologin „Mystic Meg" dichtete zum Jahresbeginn 1996, dass sich das Komiker-Duo Jerry Lewis und Dean Martin wieder versöhnen werde. Dummerweise war Dean Martin einen Monat zuvor gestorben. Jeanne Philippis sah 1991 den Sturz von Gorbatschow voraus; allerdings hatte sie wenige Wochen zuvor an anderer Stelle verlautbart, ein „Jupitersextil" verleihe dem sowjetischen Staatspräsidenten ganz besonderes Durchsetzungsvermögen. Treffer erzielt die äußerst flexible Stern-Deuterin nämlich dadurch, dass sie mit einem gewissen zeitlichen Abstand zwei gegenläufige Behauptungen zu einem Ereignis abgibt.

In *Das neue Zeitalter* las „Madame Simon" 1997 aus den Sternen, Prinzessin Diana werde „doch noch Königin mit Kronprinz Charles". Ende August verunglückte die geschiedene Prinzen-Gattin in Paris tödlich. Zu diesem Zeitpunkt hatte auch der Münchner Astrologe Kurt Allgeier schon die eher hoffnungsfrohen Diana-Prognosen für 1998 auf den Markt gebracht. 1999 hätten laut Rei Souli und Monika Transier Boris Jelzin und Prinz Charles sterben müssen. Der „Schamane und Hellseher" Professor Ivan Aristizabal sagte für 1998 forsch den Tod von Fidel Castro und Yassir Arafat heraus, ging aber ausgerechnet beim Sportereignis des Jahres lieber auf Nummer sicher: „Bei der Fußballweltmeisterschaft 1998 in Frankreich sehe ich etliche schwarze Spieler in der Meistermannschaft. Da aber dieser Sport große Leidenschaften freilegt, möchte ich den Namen der Siegermannschaft noch nicht nennen."

Kurios – aber immer noch anständiger als der Prominenten-Wahrsager „Mr. Cox", der am 8. Juni 1998 in der *Harald-Schmidt-Show* die Final-Teilnehmer der WM vorhersagte. Das heißt, er sagte erst einmal gar nichts, sondern schrieb die Namen der beiden Teams auf einen Zettel und legte diesen in eine Stahl-Kassette, die wiederum in einen Tresor weggeschlossen wurde. Nach der Weltmeisterschaft sollte das Ganze dann vor laufender Fernseh-Kamera geöffnet und vorgelesen werden. Doch eines hatte der clevere „Mr. Cox" anscheinend nicht vorausgesehen: Berufs-Zyniker Harald Schmidt ließ Tresor und Kassette schon am nächsten Tag öffnen und schaute nach, ob der Hellseher wirklich eine Prognose deponiert hatte – und fand nichts. Offenkundig hatte Cox den Zettel in seiner Jackentasche verschwinden lassen. Nach dem Finale hätte er dann die richtige Paarung notiert und bei der Öffnung des Tresors unauffällig hervorgezogen.

Bei Licht besehen sind die Nagels, Teissiers und Co. denn auch wenig mehr als Geschäftemacher, die mit möglichst spektakulären Pseudo-Prophezeiungen ihren Namen in den Medien bekannt machen wollen und sich von dieser Art Werbung mehr Kundschaft für ihre meist auf Charakterdeutung/Persönlichkeitsanalyse spezialisierte Beratungspraxis erhoffen. Das wird auch aus einem Interview deutlich, das die Jugendzeitschrift *X-Mag* mit dem Berliner „Numerologen" André Heese führte:

X-Mag: Herr Heese, Sie sind ja Medium und Urologe...

Heese: (lacht) Ich bin doch kein Urologe!

X-Mag: Ach! Ich meine natürlich Numerologe!

Heese: Macht ja nichts. Hört sich ja so ähnlich an.

X-Mag: Ich zitiere jetzt mal kurz, was Sie für das Jahr 1998 so alles vorausberechnet hatten: Also, da brechen die ganzen Finanzsysteme in Japan und USA und England und Russland und überhaupt überall zusammen...

Heese: Also, überall ja nun nicht.

X-Mag: War aber doch nix!

Heese: Seien Sie doch froh!

X-Mag: Ja, das bin ich ja auch. Aber müssen Sie sich jetzt nicht Sorgen machen, dass jetzt keiner mehr Ihre Prophezeiungen will, weil die eh nicht eintreffen?

Heese: Also, ich will Ihnen mal was sagen: Diese Voraussagen für Länder und Nationen und solche Sachen, das war totales Neuland für mich. Ich berechne sowas normal nur für Personen, und was ich da errechne, stimmt meistens auch.

X-Mag: Wie berechnen Sie denn sowas?

Heese: Die Numerologie arbeitet ja ganz wissenschaftlich mit Zahlen. Das ist kein Geheimnis. Bei Menschen nimmt man den Namen und die Geburtsdaten und sowas. Bei Ländern gibt es da ja nur Längen- und Breitengrade.

X-Mag: Aha. Und warum schneidet da Japan so schlecht ab? Nach Ihrer Berechnung hätte das doch 1998 voll untergehen müssen. So mit Erdbeben und Vulkanen und allem.

Heese: Japan heißt numerologisch soviel wie „Insel des Untergangs."

X-Mag: Ach Gott!

Heese: (lacht) Ja! Und wenn ich da dann noch gewisse geschichtliche Fakten mit dazu nehme...

X-Mag: Aber Japan heißt doch schon seit vielen tausend Jahren „Insel des Untergangs". Wieso sollte es dann ausgerechnet 1998 untergehen?

Heese: Ich sag' ja, das dürfen Sie nicht so ernst nehmen, was ich da geschrieben habe. Ich bin ja auch froh, dass das alles nicht passiert ist!

Scharlatane gibt es freilich überall. Wie aber ist es um die „seriösen" Astrologen und Hellseher bestellt? Schon die Frage ist falsch gestellt, befindet Astrologie-Kritiker Wunder: „Sicher muss zwischen verschiedenen Formen der Astrologie unterschieden und differenziert werden. Ob allerdings 'Seriosität' ein brauchbares Unterscheidungsmerkmal ist, ist mehr als fraglich. Leider gerät man nämlich ausnahmslos an 'seriöse' Astrologen, jedenfalls behaupten das alle von sich. Die 'Unseriösen' sind immer die anderen." Entscheidend sei vielmehr, ob es überhaupt eine einzige astrologische Variante gibt, die den Anspruch auf Seriosität einlösen kann – wobei mit „Seriosität" nicht die Integrität eines Astrologen als Person, sondern die Fundiertheit seiner astrologischen Methode gemeint ist, nicht zuletzt im Vergleich zu ihrem eigenen Anspruch.

Weltweit gibt es keine einheitliche astrologische Lehre. Eine Vielzahl astrologischer Schulen lehrt recht unterschiedliche, mitunter sich widersprechende Ansichten. Schwört die eine Sorte auf die Deutung der Stellung der Himmelskörper im Tierkreis und in den Häusern, so gibt es eine andere Gruppe, die diese Deutung als völlig unreal angreift und zu dem Schluss kommt, dass einzig die Stellung der Planeten bezüglich des Geburtsortes eines Menschen astrologisch relevant ist. Andere wieder betrachten die Stellungen der Himmelskörper nur als Symbole, die gedeutet werden. Fazit ist: Verschiedene Astrologen glauben verschiedenen astrologischen Lehren; ein jeder aber ist von seiner am meisten überzeugt. (Stark, 1993)

Das einzige gemeinsame Prinzip der Astrologie ist der im *Corpus Hermeticum* des 2. und 3. nachchristlichen Jahrhunderts formulierte Grundsatz: „Wie oben, so unten; wie unten, so oben." Die Vorstellung, der Lauf der Gestirne solle uns Menschen auf zukünftige irdische Entwicklungen hinweisen, entstand zu einer Zeit, da man noch nicht die geringste Kenntnis hatte, was die Gestirne eigentlich sind. Man hielt sie für Götter, deren Fingerzeige und Omen furchtsam zu befolgen waren. Die Deutungen basierten nicht auf systematischen Beobachtungen, sondern größtenteils auf voreiligen Analogieschlüssen und auf den Mythen einer polytheistischen Astralreligion. Aus naturwissenschaftlicher Sicht erscheint daher jedwede Form der Astrologie unhaltbar. Durch die Fortschritte der modernen Astronomie kennen wir heute den Aufbau des Weltalls gut genug, um zu erkennen, dass der von Astrologen behaupteten „Harmonie zwischen Mensch und Kosmos" ein historisch überholtes Zerrbild des Universums zugrunde liegt. Tatsächlich bestehende Einflüsse der Himmelskörper auf die Erde sind viel zu gering und auch anders geartet, um als Argumente für astrologische Behauptungen dienen zu können. (Wunder, 1996)

Bleibt allerdings die Frage, warum Menschen immer wieder von Voraussagen berichten, die dann tatsächlich eingetroffen sind? Astrologen, Kartenleger und Wahrsager lassen bewusst durch allgemeine Formulierungen einen großen Interpretationsspielraum. Diese Lücken füllt der Klient mit Sinn und vergisst schnell, dass dieser von ihm selbst hinein interpretiert worden ist. Dieser Tendenz, im Nachhinein alles zu einem stimmigen Ganzen zu fügen, unterliegen auch Menschen, die ohne besonderen Problemdruck zu einem „Medium" gehen. Eine zuverlässige Entscheidung, ob nun astrologische oder psychologische Mechanismen hinter den so genannten Evidenzerlebnissen stecken, können nur kontrollierte wissenschaftliche Tests und Statistiken herbeiführen. Die Ergebnisse der zahlreich vorliegenden Untersuchungen sprechen eindeutig gegen die Annahmen der Astrologie. (vgl. Harder, 1999)

Sogar Nostradamus-Autor Manfred Böckl ist überzeugt: „Die meisten so genannten Hellseher, die gegen Honorar Beratung anbieten, sind Scharlatane." Auf einen jedoch passe diese Bezeichnung ganz sicher nicht: auf den berühmten niederbayerischen Waldpropheten Mühlhiasl, der 1753 im heutigen Landkreis Straubing/Bogen geboren worden sein und als Klostermüller in Apoig gelebt haben soll. „Es geht beim Mühlhiasl immer wieder um das so genannte große Weltabräumen", erklärt Böckl: „Drei große Katastrophen. Nummer eins und zwei kann man mit dem Ersten und dem Zweiten Weltkrieg gleichsetzen." Mühlhiasl, der mit richtigem Namen Matthias Lang geheißen haben soll, nannte zwar kein Datum, aber eine Reihe von Veränderungen, die dann sichtbar werden sollten:

„Wenn im Vorwald draußen die eiserne Straß fertig ist." Im Jahre 1914, also zu Beginn des Ersten Weltkriegs, wurde in der Nähe von Mühlhiasls Heimatort die Bahnstrecke von Deggendorf nach Kalteneck vollendet.

„Wenn in Straubing die Donaubruck baut wird, sie wird aber nimmer fertig." 1939, beim Ausbruch des Zweiten Weltkriegs, war die neue Donau-Überquerung tatsächlich bis auf die Betondecke vollendet. (zitiert nach Tzschaschel, 1991, der hier eine in der Presse gebräuchliche Verkürzung der Prophezeiung verwendet)

Sehr eindrucksvoll. Wenn da nicht Reinhard Haller wäre, ein echter Spielverderber für die Mühlhiasl-Gemeinde. Der Volkskundler von der Universität Passau spürte dem Mythos um den sagenumwobenen Klostermüller aus dem 18. Jahrhundert akribisch nach – und kam zu dem Schluss, dass es den Mühlhiasl nie gegeben hat. Und das, was er angeblich gesagt haben soll, sei eine Melange aus alten Legenden, Wandersagen und Lokalkolorit, die 1923 ein katholischer Pfarrer namens Johann Evangelist Landstorfer (1883-1949) geköchelt habe.

In keinem der einschlägigen Archivalien und Drucke des 18./19. Jahrhunderts lässt sich eine Person mit dem Bei-, Über-, Spitz-, Deck- oder Aliasnamen „Mühlhiasl" ausmachen, der als Müller in Apoig gelebt hat. Der Vulgoname wurde 1923 erstmals schriftlich fixiert. Alle Indizien sprechen dafür, dass der „Mühlhiasl" eine Erfindung der Volksphantasie ist. Er wird damit zur imaginären Sagengestalt ohne geschichtlichen Hintergrund, ähnlich dem „Stubenmühl-Hansl", der das

Wetter machen kann, dem „Baumläufi-Bub", der mit dem Teufel pak-tiert, dem „Tiroler-Bartl", der sich auf das Bannen versteht, oder dem „Hürter-Anerl", dem mit 80 Jahren noch Zähne wachsen. Von keiner dieser Figuren wissen wir den wirklichen Namen. Sämtliche sind media-tiv veranlagt, verfemt und am Rande der dörflichen Gesellschaft.

Die ausschließlich mündlich verbürgte Sagenfigur „Mühlhiasl" wurde im Laufe von sieben Jahrzehnten zu einem historischen Faktum hochstilisiert. Der abstrakt-anonymen Erscheinung stülpt J.E. Landstor-fer analog dem Wortinhalt eine konkrete Existenz über. Sie heißt Mat-thias Lang.

Prophetisches Vermögen denkt dem „Mühlhiasl" vorerst die Volks-sage zu. Für sie bringt er als „Müller" alles mit, was ihn zu einem außerordentlichen Wesen prädestiniert. Die Mühle ist ein Ort der Schwarzkunst und der Teufelsbündnerei. In der Einsamkeit der Mühl-stube entpuppt sich eine Eigenwelt, die von den Nachbarn beargwöhnt wird. Immer steht der Müller im Verdacht, sich am Getreide der Bauern zu bereichern. Der Müller sei schlau, listig und auf den Profit aus.

Die einzelnen Elemente der „Mühlhiasl"-Prophezeiung sind relativ alt, die Weissagung in der von J.E. Landstorfer zugespitzten Gesamtaus-gabe zählt 70 Jahre. Sie besteht aus vielen losen „Prophezeiungen". Landstorfer hat sie gesammelt und nach dramaturgischen Gesetzen an-geordnet.

Die „Mühlhiasl"-Prophezeiung sieht die kommenden Dinge nur konturenhaft. Festlegungen auf exakt-zeitliche Erfüllungstermine wer-den tunlichst vermieden. Dieses Moment der Unbestimmtheit lässt Mög-lichkeiten, die einzelnen Prognosen epochal aus eigener, aktueller Sicht zu interpretieren. Jede Generation legt die Worte anders aus.

Die „Weissagungen des Mühlhiasl", gleich ob von J.E. Landstorfer notiert oder mündlich weitergegeben, sind janusköpfig. Sie beschreiben rückwärtsgewandt geschichtliche Phänomene und „prophezeien" syn-chron nach vorne, in die Zukunft hinein. Immer handelt es sich um Feststellungen post eventum, um vollendete Tatbestände. Deshalb kann „Mühlhiasl" nie irren. Er sagt die pure Wahrheit. (Haller, 1993)

Dass es sich bei den „Mühlhiasl"-Prophezeiungen lediglich um menschliche Elementar-Erfahrungen mit hohem Wahrscheinlichkeits-grad handelt, belegt Haller unter anderem anhand der „Physikats-berichte" aus den Landkreisen in der Gegend von Apoig aus dem vorigen Jahrhundert. Das waren schriftliche Analysen der Landgerichte zu den Bereichen Land- und Forstwirtschaft, Gesundheit und Hygiene, zu einer Zeit, da es noch keine öffentliche Verwaltung im heutigen Sinne gab.

„Mühlhiasl" 1923: „Überall wird übern Glauben predigt, kein Mensch kehrt sich mehr dran, d'Leut werd'n erst recht schlecht!"

Landgericht Deggendorf 1860: „Selbstsucht oder Egoismus, Übervorteilungssucht des Nächsten, selbst Betrug, Ausgeburten des seit vielen Jahren grell hervortretenden Materialismus hat sich auch in unsern Bezirk eingeschlichen, in dem früher Redlichkeit, Nächstenliebe, Sparsamkeitssinn, Friedfertigkeit etc. herrschten. Dazu tritt häufig der Verderben bringende Hang zu Luxus, Genusssucht, Modesucht und äußerer Glanz, während im Innern Armuth, Unzufriedenheit und oft Jammer herrscht."

„Mühlhiasl" 1923: „Wenn der Hochwald ausschaut, wie'm Bettelmann sein Rock!"

Landgericht Mitterfeld 1860: „Bei den seit einigen Jahrzehnten selbst in der Waldgegend unverhältnismäßig gestiegenen Holzpreisen geht freilich auch die Devastation der Privatwaldungen gleichen Schritt mit derselben. Auf diese Weise haben sich seit einem 10jährigen Zeitraume die Wälder auffallend gelichtet."

„Mühlhiasl" 1923: „Wenn sich d'Bauersleut g'wanden wie die Städtischen, und die Städtischen wie d'Narren und d'Affn!"

Landgericht Deggendorf 1860: „Seidenstoffe werden häufig vom weiblichen Geschlecht getragen, die der Mode gerne huldigen z.B. in Deggendorf, wo die früher getragenen golddurchwebten so genannten hohen Passauer-Hauben und die zierlichen Münchner Riegelhäubchen dem französischen Hut weichen mussten. Auch die nicht lobenswerten unästhetischen Krinolinen haben nicht bloß bei den Beamtenfrauen, sondern auch bei den Bürgerinnen und Bürgerstöchtern mit Vorliebe Eingang gefunden."

Der überwiegende Teil der „Vorhersagen" aber ist den Zeiterscheinungen zwischen 1871 und 1923 nachempfunden. Aus dieser Periode seien, so der Volkskunde-Dozent, zum Beispiel die Prophezeiungen über „einerlei Geld kommt auf" (= Reichsmark) und „recht G'setze werden gemacht" (= Reichsgesetze). Auch die Eisenbahn als Kulturhebel par exellence werde von den Menschen im Bayerischen Wald nicht unbedingt als Fortschritt begriffen, sondern vielmehr als Verfallszeichen und Instrument des Antichrist, was zwangsläufig zum „Bänkeabräumen" führen müsse. Vor diesem Hintergrund sind auch die berühmten Weltkriegs-Prophezeiungen des „Mühlhiasl" zu sehen. Zur Erinnerung der vollständige Wortlaut: „An dem Tag, an dem zum ersten Mal der eiserne Wolf auf dem eisernen Weg durch den Vorwald bellen wird, an dem Tag wird der große Krieg angehen!" Haller fand heraus: In Landstorfers Veröffentlichung von 1923 existiert diese Weissagung noch gar nicht. Sie sei erst später, als die Bahneröffnung (die Teilstrecke Deggendorf-Hengersberg und Eging-Kalteneck war bereits 1913 fertiggestellt worden, 1914 wurde die Verbindung Hengersberg-Eging geschlossen) längst Vergangenheit war, mündlich hinzugewachsen und erstmals 1948 als „Mühlhiasl"-Ausspruch in den *Niederbayerischen Nachrichten* aufgetaucht. Analog die Sache mit der Donau-Brücke: „Wenn's in Straubing über die Donau die große Brücke bauen, so wird's fertig, aber nimmer ganz, dann geht's los", soll der „Mühlhiasl" gesagt haben. Aber auch dieses Orakel findet sich erst ab 1950 in dem einschlägigen Schrifttum.

In solchen quasi-prophetisch formulierten Anklagen macht der PSI-Forscher Elmar R. Gruber zugleich einen Wandel der „Vorzeichen" im Laufe der Jahrhunderte aus: „Im Zeitalter der Renaissance sind es 'gottgewollte' Eingriffe in die Naturordnung: Missgeburten, eigentümliche Himmelserscheinungen usw. In der folgenden Zeit ist es das Zusammenbrechen einer Kulturordnung: Die neuen Vorzeichen betreffen den sittlichen Verfall, das Abfallen vom Althergebrachten. Dann kommt durch den ungeheuren technischen Aufschwung ein neues Element hinzu: Die diesbezüglichen Errungenschaften werden als Teufelswerk verdammt, dem das göttliche Strafgericht in Form eines Endzeit-Krieges folgen muss. Im 'Zeitalter der Vernunft' hatten die alten Vorzeichen ausgedient, denn sie waren nach und nach wissenschaftlich erklärbar geworden. So verloren sie das Geheimnisvolle und Beängstigende, das sie begleitet hatte. Was statt dessen geheimnisvoller und beängstigender wurde, sind die ungeheuerlichen technischen Veränderungen, die in immer schnellerem Tempo auf die Menschen zukommen und das Leben radikal verändern." Aus dem selben Grund hielten sich prophetische Wandersagen derart hartnäckig und versuchten „Forscher" sie durch „historisch gemachte" Persönlichkeiten zu legitimieren – „weil auch sie, unbewusst, von solchen kollektiven Ahnungen umgetrieben werden".

In der Tat muss man wohl kein Psychologe sein, um aus den „Mühlhiasl"-Prophezeiungen die Ängste von an der Tradition orientierten Zeitgenossen herauslesen zu können:

„Wenn d'Leut nichts mehr tun als fressen und saufen, schlemmen und dämmen.
Wenn d'Leut rote Schuh haben.

D'Religion wird noch so klein, dass man's in ein' Hut hineinbringt.
Übern katholischen Glauben spotten am besten die eignen Christen.
Wenn Bauern d'Hennl und Gäns selber fressen.
Die Weiber kriegen verkehrte Köpf. Sie haben die Haar vorn länger
als hinten.
Wenn die Mädchen seidene Strümpf tragen.
Wenn Bauern alle politasiern.
Nachher steht's nimmer lang an –"

Der Brunnenbauer Alois Irlmaier aus der bayerischen Grenzstadt Frei-
lassing erregte um 1950 mit seinen endzeitlich geprägten Beschreibun-
gen eines dritten Weltkrieges viel Aufsehen. Doch seine Visionen waren
offenkundig stark von der Diskussion um die Atomwaffen in den vierzi-
ger und fünfziger Jahren beeinflusst:

„Es werden nur noch die Kerzen brennen.
Das Wasser wird giftig und auch die Speisen.
Der Staubtod geht um.
Die Finsternis dauert 72 Stunden.
Es werden mehr Menschen sterben als in den zwei Weltkriegen.
Alles muss zu den Soldaten, die Jungen und die Alten, aber kämpfen
brauchen sie nicht mehr.
Das Meer bekommt große Löcher, und wenn das Wasser zurück-
kommt, reißt es die Inseln vor der Küste weg.
Nach der Katastrophe wird es wärmer, und bei uns werden die Süd-
früchte wachsen." (Loerzer, 1990)

Ähnlich wie dem „Mühlhiasl" schwante auch Alois Irlmaier zudem ein
Verblassen der christlichen Religion und des Glaubens. Seine Vorhersage „Sie werden wieder zu Christus und der Gottesmutter zurückkehren, und das wird ihre Leiden abkürzen" fordert zur Umkehr auf. Nicht
spezifiziert, ganz allgemein und vor allem: „Wanns kommt, weiß keiner
zu sagen. Aber es kommt." Das subjektive Empfinden von so genannten
Volkssehern „dürfte kaum weniger beachtenswert sein als die Prognosen
der Computerzeit", merkte der ehemalige Weltanschauungsbeauftragte
der Evangelisch-Lutherischen Landeskirche Bayern, Friedrich-Wilhelm
Haack, an: „Es kann auch lebensnäher sein, weil es dem Erlebnis entspringt." Denn in zahllosen Retrospektiven im Millenniums-Trubel
1999/2000 wurde deutlich, dass sich umgekehrt auch die wissenschaftlichen Prognosen der Vergangenheit für eine lebenswerte Zukunft meist
zerschlagen haben: „Die Voraussagen für die Zukunft glichen nicht
seriösen Analysen, sondern den Wunschlisten gieriger Kinder vor Weih-

nachten", kommentierte zum Beispiel das Magazin *Facts*. „Ernst gemeinte Prognosen der vergangenen 100 Jahre sind von Science-fiction und Träumereien kaum zu unterscheiden." „Die dargestellten Szenarien", erklärt auch Psi-Forscher Elmar R. Gruber, „sind nicht im luftleeren Raum entstanden. Sie beruhen auf apokalyptisch-millenniaristischen Befürchtungen und Hoffnungen und kennen ihre Vorbilder. Auslöser für die im Gewand von Visionen und Prophezeiungen auftretenden Schreckensbilder sind zwar gegenwärtige kollektive Befürchtungen; die Quellen allerdings, aus denen sich die Bilder speisen, sind alt. Die Bilder, die uns als neu präsentiert werden, haben in vielen Jahrhunderten Zukunftsdeuter aus der Vorratstruhe antiker Prophetie gefischt."

Das möchte man vor allem dem Hamburger Düsterling Stephan Berndt ins Stammbuch schreiben. Für sein Sammelwerk *Prophezeiungen zur Zukunft Europas* wertete er 250 Okkultquellen aus, die angeblich „eindeutig" auf das „Ende" im Jahr 1999 hinweisen. Zu Recht stellte ein *Focus*-Reporter dem „mageren Riesen mit Pferdeschwanz und schwarzer Lederjacke" die Frage: „Was bringt Ihre Methode eines Computer-Vergleichs? Unsinnige Texte werden ja nicht dadurch sinnvoller, dass sie gehäuft auftreten und deswegen ernst genommen werden." Berndt fiel darauf lediglich die Gegenfrage ein: „Woher wissen Sie denn, dass die von mir ausgewerteten Prophezeiungen wirklich unsinnig sind?" Offenkundig erblickt auch Berndt in den gemeinsamen Elementen der 250 Weissagungen ein Zeichen für deren Echtheit – anstatt den Beweis dafür, dass alle diese Texte sich aus einer gemeinsamen Kultur und Überlieferung speisen.

Eine äußerst problematische Verbindung gehen Geschäftemacherei und subjektiv ehrliche Befürchtungen in den Schriften des österreichischen Anti-Atom-Aktivisten Alexander Tollmann ein. Der emeritierte Ordinarius am Geologischen Institut der Universität Wien und Begründer einer grünen Splitter-Partei übt auf die von Vorbehalten gegen die „materialistische" Wissenschaft geplagte Esoterik-Gemeinde eine geradezu elektrisierende Wirkung aus, vermeldet *Die Woche*. Sein Endzeit-Orakel *Das Weltenjahr geht zur Neige* ist eines der erfolgreichsten Sachbücher auf dem österreichischen Markt und bescherte dem No-Future-Professor auch in Deutschland zahlreiche Talkshow-Auftritte und Radio-Interviews. Im August 1999, hebt Tollmann in seiner 500 Seiten dicken Vorladung zum Jüngsten Gericht mahnend den Finger, beginnt der Dritte Weltkrieg mit einem überraschenden Überfall der russischen

Armee auf Mitteleuropa, „nachdem unmittelbar vorher eine gewisse Entspannung die Hoffnung auf Frieden aufkommen ließ". In drei Keilen stoßen schnelle russische Panzertruppen nach Westeuropa vor. Bei Köln siedelte der Ex-Umweltpionier die Entscheidungsschlacht an. Um den Preis der totalen Zerstörung der Stadt werde hier der Aggressor besiegt. Nur Bayern und Österreich südlich der Donau blieben verschont. Aber nicht lange. Denn im Herbst 1999 gibt ein gigantischer Komet der Erde den Rest. „Ich hoffe, dass alles, was ich geschrieben habe, falsch ist", pflegte Tollmann bei Lesungen sein Buch zu signieren. „Nur leider hoffe ich es umsonst."

Nach der Sonnenfinsternis am 11. August, die die Endzeit hätte einläuten sollen, höhnte das Nachrichtenmagazin *News*: „Wie zitierte der Gelehrte doch eine alte Prophezeiung? 'Die Lebenden werden die Toten beneiden.' Schon deshalb, weil drüben keine Tollmann-Bestseller im Handel sind." Doch unfreiwillig komisch sind die apokalyptischen Zuspitzungen des ergrauten Ökopax nur auf den ersten Blick. Denn dass es zur Endzeit kommt, daran sind laut Tollmann, der hier rechtsextremen Verschwörungstheorien huldigt, die Freimaurer schuld. Sie nämlich hätten durch die Einführung der Anti-Babypille in Österreich eine „systematische Verhinderung des Gebärens" erreicht und würden eine „eurasisch-negroide Zukunftsrasse propagieren". Als weitere Signale der Endzeit listet Tollmann auf: die Forderung der Frauen, über ihren Körper selbst zu bestimmen, Homosexuellen-Ehen, die „systematische Überlastung Europas mit ungeliebten bunten Fremden", Punks mit Irokesen-Haarschnitt, der bayerische Kruzifix-Streit, Sekten als „zusätzliche Konkurrenz für das von allen Seiten bedrängte Christentum". Hoffnung gibt es keine: „Wenn wir zusammenfassen, so ergibt sich aus allen überprüften Fällen für uns die Gewissheit, dass eine Verhinderung von detailliert geschauten, großen Ereignissen unmöglich ist." (Tollmann, 1998)

Der Charakter einer Beschwörung ist in diesen Pseudo-Prophezeiungen unverkennbar. Und genau das macht nicht nur dem österreichischen Historiker und Esoterik-Fachmann Roman Schweidlenka Angst: „Bleibt der Glaube an die Neue Zeit, gepaart mit Weltuntergangsängsten, die Nabelschau weltflüchtiger, verunsicherter Menschen, dann sind einer neuen Führer-Mythologie, sind einem diese Sehnsüchte und Ängste geschickt instrumentalisierenden Neofaschismus die gesellschaftlichen Tore weit geöffnet." (Schweidlenka, 1999)

Zumal Tollmanns Vorhersagen zum Dritten Weltkrieg sich mit zahl-reichen Schriften aus rechtsextremen Quellen treffen. Dazu zählt vor allem das *Buch 3* des berüchtigten deutschen Verschwörungstheoretikers Jan van Helsing, das im Untertitel „Der Dritte Weltkrieg" heißt. Be-denklichen Ruhm erlangte van Helsing (ein Pseudonym des Heilbron-ners Jan Udo Holey, das wohl nicht unbeabsichtigt mit dem fanatischen Vampirjäger der *Dracula*-Filme kokettiert) mit seinem Machwerk *Ge-heimgesellschaften und ihre Macht im 20. Jahrhundert*; eine Art Science-fiction, durchsetzt mit kruder Rassenideologie und antisemiti-scher Verschwörungstheorie, urteilt ein Journalist: „Nazis eilen mit Flugscheiben durchs All, kämpfen, unterstützt von außerirdischen Übermenschen, gegen eine Verschwörung von Juden, Freimaurern und Aliens, die nahezu alle internationalen Organisationen unterwandert haben." (Mattheis, 1998) Auch in van Helsings *Buch 3* wird der finale „Endschlag" von „weltverschwörungsgeilen Kräften" (Schweidlenka, 1999) herbeigeführt, die der rechte Arm-Geist einmal mehr in zahllosen historisch-seichten und zeitgenössisch-skurrilen Schriften aufgestöbert hat.

Auf ähnlichem prohetischem Treibsand schlingert auch der relativ vielgelesene und -diskutierte Gottfried von Werdenberg (ein Pseud-onym) mit seinen Büchern *Vision 2004* und *Überleben in der Wende*. Werdenbergs Feindbilder sind neben Diskotheken, Jeanshosen und der „multikulturellen Hölle" auch das Zweite Vatikanum mit seinen „kir-chenfeindlichen, modernistischen Kräften" und der liberale Flügel der katholischen Kirche. Kurz vor dem großen Krieg sieht Werdenberg das Christentum und die Kirche „einer zunehmenden Verfolgung durch die linksextremen Machthaber" ausgesetzt: „Es entsteht eine völlig gottlose, linksextreme Gesellschaft. Es kommt zu brutaler Verfolgung aller Geist-licher und zu Massenmorden und gewaltigen Plünderungen. Der ge-sellschaftliche Abschaum aus den romanischen Ländern bedeutet im Übrigen eine enorme Gefahr für den Süden des gesamten deutsch-sprachigen Raumes." In einer so verkommenen, vom Satan regierten Endzeit ist das Jüngste Gericht natürlich nicht mehr weit. Doch keine Panik: Für die Auserwählten wird eine bessere Welt kommen.

Dieses holzschnittartige Szenario aus Zitatenhuberei und rechter Ideologie erreicht bereits annähernd die Endzeitatmosphäre von Sekten und religiösen Sondergruppen wie beispielsweise dem „Orden Fiat Lux". Diese von dem selbst ernannten „Volltrancemedium" Erika Bert-schinger-Eicke (alias Uriella) gegründete Gruppe erwartete eine „unabdingbare Globalreinigung im alten Äon mit apokalyptischem Ausmaß, der nur wenige auserwählte Menschen entrinnen können". Ihr gingen „irdische Fanale" voraus, die jedoch von den meisten Menschen missachtet würden: „ego-zentrischer Konsumismus, Empathielosigkeit, Asebie, sittliche Dekadenz, Pogrome, Kriege, ökologische Katastrophen, ökonomische Kollapse, politische Desaster" oder sogar der alltägliche Genuss von Fleisch, Alkohol, Nikotin, Kaffee, Schwarztee oder weichen Drogen. (Tanner, 1999) Standen in den achtziger Jahren die Zeiger der göttlichen Uhr noch Sekunden oder wenigstens noch eine volle Sekunde vor zwölf, „so stehen sie jetzt nur mehr hundertstel Sekunden davor", stammelt Uriella in einem kuriosen PR-Video mit dem Titel „Uriellas Abenteuer mit Gott im Orden Fiat Lux! Ein spannendes und gleichzeitig erbauendes sowie unvergessliches Erlebnis von 90 Minuten Dauer".

Den genauen Zeitplan der Apokalypse hat der Heidelberger Soziologe Edgar Wunder aus den diversen „Offenbarungen" Uriellas seit Ende der siebziger Jahre extrahiert. Danach häuften sich bei *Fiat Lux* in letzter Zeit ganz konkrete Prophezeiungen über angeblich unmittelbar bevorstehende endzeitliche Schreckensszenarien. Zunächst wurde verlautbart, „in der Mitte des Jahres 1997" werde „etliches verändert werden", vor allem hinsichtlich des „magnetischen Kraftfelds, das euren Planeten umgibt". Ein Vorbote dafür sei der Komet Hale-Bopp. Eigentlicher Auftakt der Apokalypse war jedoch ein ganz konkret auf das Jahr 1998 datierter „Weltbörsencrash", weshalb der „gesamte Devisenmarkt" zusammenbrach. Das Börsen-Chaos wurde ausgelöst „durch den Tod eines wichtigen Regierungsoberhauptes" und hatte die völlige „Entwertung des Geldes" zur Folge. Und von alledem haben wir nichts gemerkt!

Unmittelbar auf den Finanzcrash folge der „Überfall der Russen auf Europa", der einen „weltumspannenden Krieg" auslöse. Infolge des Krieges zögen Flüchtlingsströme „wie eine Walze" über Europa hinweg; mit den Flüchtlingen kämen auch Seuchen, wobei „eigenartige Insekten" eine besondere Rolle spielten: „Sie sind Träger von Viren, die das gesamte Blutbild eines Menschen zerstören." Parallel dazu träten „gewaltige Naturkatastrophen" wie Fluten, Überschwemmungen, Vulkanausbrüche und Dürren auf. Schließlich werde ein riesiger Meteorit in die Nordsee einschlagen. Es sei zu konstatieren: „Nord-/Westdeutschland und das gesamte Rheintal werden nicht mehr existieren. Die gesamte Eifel wird explodieren. In Kürze gibt es weder Holland, Belgien, Dänemark noch England. Diese Nationen versinken im Meer." All dies hätte laut Uriella noch vor dem Jahresende 1998 passieren sollen.

Doch damit nicht genug: „Im darauf folgenden 1999 kommt der zweite Einschlag, nicht in euren Regionen, sondern in Nord- und Mittelamerika. Der gesamte Kontinent wird auseinanderbrechen." Um keine Zweifel aufkommen zu lassen, heißt es weiter: „Eine Abwendung von euerem Planeten kommt nie in Frage! Alle Städte, in denen der Sünde gefrönt wird, müssen gänzlich eliminiert werden." Namentlich seien dies vor allem New York, London, Berlin, Wien, Bern und Lausanne. Ausgerechnet das eher beschauliche Waldshut in Deutschland wird von der Sekten-Chefin am 22. Februar 1998 als „ganz besonders gefährdet" eingestuft. Ob das wohl daran liegen könnte, dass zu diesem Zeitpunkt die dortige Staatsanwaltschaft gegen Uriella ermittelte?

Wo ist man überhaupt noch sicher? Nur ein einziger Ort wird konkret genannt: „Im Südschwarzwald ist einer der ganz wenigen Flecken auf dieser Erde, die unversehrt bleiben werden." Im Südschwarzwald befinden sich die *Fiat Lux*-Zentren. Dorthin waren 1998/99 nicht wenige der rund 700 externen *Fiat Lux*-Anhänger aus Angst vor den geschilderten Schreckensszenarien umgezogen, was von der Sekte auch nachdrücklich empfohlen worden war. Bleibt die Frage, wann der finale Endpunkt dieser Katastrophenkette denn nun tatsächlich erreicht sein wird? Damit ist übrigens keineswegs ein „Weltuntergang" gemeint. Es geht vielmehr in bester eschatologischer Tradition um ein an der Menschheit heilsgeschichtlich vollzogenes und fundamentales Vollendungsgeschehen, eine „Reinigung" also, als deren Resultat eine vollkommen „neue Erde" mit paradiesischen Zuständen entstehen soll, die bei *Fiat Lux* „Amora" genannt wird: „Unser Planet wird erhalten bleiben, jedoch ein völlig neues Kleid bekommen".

Als Termin kristallisierten sich aus dem Quellenmaterial hauptsächlich zwei Möglichkeiten heraus: „Die Uhr tickt, tickt, tickt, tickt, tickt, tickt, tickt, bis die Zahl Sieben erfüllt ist", sprach angeblich Jesus Christus höchstselbst und höchst umständlich am 22. Februar 1998 aus Uriella: „Schon vor Jahren habe ich immer wieder darauf hingewiesen, dass Veränderungen auf dieser Erde und in der Menschheit erfolgen werden, wenn die Zahl Sieben, bezogen auf Uriella – anlässlich ihres 70. Geburtstags – zutage tritt." Da Uriella am 20. Februar 1929 geboren wurde, wird offenbar auf den 20. Februar 1999 angespielt. Die zweite Möglichkeit orientierte sich an einer von Uriella häufig vorhergesagten

Sonnenfinsternis, die „den Abschluss des alten Äons" bilde. Das wäre
dann der 11. August 1999 gewesen.

„Moralischer Größenwahn" tobt sich nach Ansicht des Berliner Re-
ligionswissenschaftlers Hartmut Zinser in solchen Prophezeiungen endzeitlich ausgerichteter Gemeinschaften wie „Fiat Lux" oder den Zeugen
Jehovas aus: Probleme wie Arbeitslosigkeit, Umweltverschmutzung oder
auch das Scheitern von Liebesbeziehungen „werden in diesen Gruppen
allein nach moralischen Kategorien beurteilt". Die Lösungsversuche der
Betreffenden müssten daher zwangsläufig scheitern. Um dem Ganzen
noch irgendeinen Sinn abzugewinnen, werde schließlich eine „globale
Reinigung" verkündet. Eine einfache und uralte Katastrophen-Pädago-
gik: Wer nicht hören will, muss fühlen. Zumindest sollen „die anderen"
sich vorstellen, wie sie sich fühlen würden, wenn sich tatsächlich am
Firmament ein gewaltiger Riss auftäte, der alle „Lügen" der Ignoranten
Lügen straft. „Apokalyptiker", formuliert der *Welt*-Feuilletonist Volker
Zeese, „sind Besessene der einzigen und alleinigen Wahrheit. Sie dienen
ihr, nicht selten in einem Leben voller Entsagungen und Schmerz, ver-
höhnt von einer verkehrten Welt. Die Apokalypse ist die große Korrek-
tur. Dann hätte es endlich ein Ende. Mit der Spaßgesellschaft. Mit der
Fußball-Bundesliga. Mit der Schuldenlast der Bundesrepublik."

Aber was, wenn die Uhr auch dann noch unverdrossen weitertickt,
wenn die „12" längst erreicht ist, sprich: Wenn ein Reinigungs-Termin
nach dem anderen folgenlos verstreicht? Auch darüber hat Soziologe
Wunder geforscht:

*1. Der Termin des Geschehens wurde nur verschoben, beispielsweise
im Rahmen einer „letzten Gnadenfrist", um „den Glauben zu testen"
und „unsichere Mitläufer" auszusortieren oder aufgrund von unvorhersehbaren Ereignissen bei den „Heilsbringern" selbst (so erklärte 1961
die Michalek-Gruppe, der Venus-Präsident Urun sei an Altersschwäche
verstorben – und wegen der Hoftrauer werde die UFO-Landung auf der
Erde verschoben). Ein neuer Termin wird mitgeteilt und die Anhänger-
schaft erneut mobilisiert. Dies lässt sich einige Male, jedoch sicherlich
nicht endlos wiederholen. Die gut untersuchte Miller-Bewegung, aus der
sich später die Adventisten entwickeln sollten, brach etwa erst nach der
vierten falsifizierten Weltuntergangs-Prophezeiung im Oktober 1844
auseinander.*

*Wie der bekannte Sozialpsychologe Leon Festinger in seinem 1956
veröffentlichten Klassiker* When Prophecy Fails *gezeigt hat, können
derartige falsifizierte Apokalypse-Prophezeiungen sogar Gruppen kurz-*

fristig in ihrem Glauben bestärken und die Gruppenkohäsion noch weiter festigen, nur langfristig ist dies keine geeignete Strategie.

Festinger schlich sich damals zusammen mit mehreren Soziologen in eine von Marion Keech geleitete UFO-Gruppe ein und beobachtete aus nächster Nähe die Gruppenprozesse, die sich durch das Scheitern der akuten Naherwartung ergaben. Im Fall von Fiat Lux *scheint dieser Weg nur noch bedingt gangbar zu sein: Denn einerseits wurden die Anhänger bereits seit Ende der siebziger Jahre immer wieder regelmäßig mit der angeblich „unmittelbar bevorstehenden" Apokalypse konfrontiert; es hat also schon Verschiebungen des Termins gegeben. Andererseits sind die Terminvorgaben sehr definitiv und verbindlich gehalten: Im Jahr 1999 werde die „Umwandlung" stattfinden. Es heißt ganz unzweideutig: „Das Neue Äon wird im Jahr 2000 zur vollen Blüte gelangt sein." Oder: „Dann (im Jahr 2000) befindet ihr euch bereits auf Amora." Der nach den bisherigen Verlautbarungen wahrscheinlichste Ablauf ist für mich, dass* Fiat Lux *zunächst einmal die diversen fehlgeschlagenen Prophezeiungen im Vorfeld der Evakuierung (zum Beispiel den nicht eingetretenen dritten Weltkrieg sowie den Meteoriteneinschlag in die Nordsee 1998) nach dem Verschiebungsmuster bearbeiten und auf spätere Termine im unmittelbaren Zusammenhang mit den eigentlichen Apokalypse-Terminen verlegen wird.*

Auch das Verstreichen des 70. Geburtstags von Uriella am 20. Februar 1999 scheint nach diesem Muster behandelt zu werden. Die Sonnenfinsternis am 11. August 1999 so zu bewältigen, ist jedoch schon nicht mehr so einfach, denn ihr sind schon viele „Verschiebungen" und enttäuschte Hoffnungen vorausgegangen, zumal sie gleichzeitig das letzte chronologisch dingfest zu machende Ereignis im Fiat Lux-*Szenario war. Selbst wenn auch die Sonnenfinsternis noch nach dem Verschiebungsmuster bewältigt werden sollte, dürfte allerspätestens mit dem Neujahrstag 2000 dieser Ansatz als Legitimationsgrundlage für Uriella ausgedient haben.*

2. Eine andere Bewältigungsstrategie erklärt, Gott oder die Außerirdischen hätten – aus selten nachvollziehbaren Gründen – ihren Entschluss eben geändert. Damit bricht dann in der Regel jedoch ein zentraler Kern der Gruppenideologie ersatzlos weg, starke Mitgliederverluste wenn nicht ein völliges Auseinanderfallen der Gruppen waren bei diversen historischen Beispielen die Folge.

3. Ein sehr häufig beobachtetes Mittel ist die Umdeutung der Geschehnisse. Die „Umwandlung" sei durchaus planmäßig geschehen oder im Gange, nur eben auf einer „geistigen Ebene", die für Ungläubige nicht erkennbar sei. Mit der Zeit werden dann die Schwerpunkte des jeweiligen ideologischen Systems auf andere, nicht-apokalyptische Komponenten verlagert. Auch die Christen der ersten Jahrhunderte haben die Verzögerung der Wiederkunft Christi letztlich auf diese Weise bewältigt.

Die Fiat Lux-Gruppe hat sich diesen Ausweg durch ihre teils sehr konkreten – und nicht zuletzt mit der Autorität von Jesus Christus selbst untermauerten! – Prophezeiungen zwar nicht verbaut, aber doch sehr schwer gemacht. So bleibt es eine religionssoziologisch interessante Frage, was mit Fiat Lux in der nächsten Zeit passieren wird, zumal die Gruppe eine ganze Reihe von Gütern (insbesondere Immobilien) akkumuliert und mit etwa 700 Mitgliedern auch eine Größe erreicht hat, die ein rückstandsloses Auseinanderfallen ebenfalls unwahrscheinlich macht. In der Ausgabe 1/99 der Fiat Lux-Zeitschrift Der reinste Urquell wird eine am 29. November 1998 von Uriella empfangene Offenbarung von „Jesus Christus" mitgeteilt, die die oben vermutete weitere Entwicklung bei Fiat Lux zu bestätigen scheint.

Dort heißt es: „Es geht mit Riesenschritten der absoluten Endphase entgegen – Zu Millionen sterben die Menschen dahin – Jene, die sich nun von den Geistern des Zweifels befallen lassen, weil, wie sie glauben, sich bestimmte Ereignisse noch nicht gezeigt haben, werden Überraschungen erleben müssen. Eure Stabilität im Glauben – stellt für Mich einen Prüfungsstatus dar. Der göttliche Plan ist so voller Weisheit und Ur-Intelligenz, dass er sich mit Garantie nicht einigen Menschengeistern anpassen wird, die eine sehr subjektiv geprägte Vorstellung von der Reinigung haben – Durch den Miniaufschub, den ICH gezwungenerweise vornehmen mußte, weil der Widersacher seine Schachzüge änderte, sind auch die weiteren Termine in Rückstand gelangt." (Wunder, 1999)

In einer Erwiderung auf Wunders Arbeit schrieben Uriella und deren Ehemann Icordo: „Wir alle sind überglücklich, dass es einen Aufschub gegeben hat. (...) Wenn unser Schöpfer verheißen hat ' Im Jahr 2000 befindet ihr euch auf Amora', dann ist damit überhaupt nicht behauptet, dass dies bereits am 1.1.2000 sein wird. Allerdings hoffen wir, dass diese Prophezeiung bis zum 31.12.2000 eingetroffen sein könnte, wenn unser Kalendarium stimmt. (...) Gott Fiat Lux – Es werde Licht in dieser bedauernswerten und erbarmungswürdigen Menschheit!" Die beiden Vollstreckungsbeamten des Jüngsten Gerichts beriefen sich unter anderem auf die biblischen Propheten und überschrieben ihre einigermaßen wirre Replik mit dem Satz: „Die Prophetie Gottes wird immer Realität!" In den USA glauben nach einer *Newsweek*-Umfrage von 1999 sogar 40 Prozent der Bürger an einen Weltuntergang, wie er in der biblischen Apokalypse beschrieben wird. „The time has come, it is quite clear. Our Antichrist is here", habe jemand neulich nacht in Manhattan, Ecke Lafayette und 2. Straße, mit dem Finger in frischen Beton geschrieben vermeldete der *Spiegel*. Eine Roman-Serie mit dem Titel „Soul Harvest" aus der Feder der beiden christlichen Aktivisten Tim LaHaye und Jerry B. Jenkins erreichte im Land der unbegrenzten Möglichkeiten binnen kürzester Zeit eine Millionen-Auflage (die deutsche Übersetzung beim Schulte & Gerth-Verlag – „Finale" – dümpelt allerdings zwischen 5000 und 15.000 Exemplaren pro Titel vor sich hin). In den insgesamt sieben Bänden geht es um einen Journalisten und einen Piloten, die eine Reihe von mysteriösen Geschehnissen rund um den Globus mit Hilfe der Offenbarung des Johannes entschlüsseln. Dort, im letzten Buch des Neuen Testaments, wird die Endzeit beschrieben. „Soul Harvest" ist ein „steter Zweitakt von religiösem Räsonnement und Thriller-Elementen", urteilt ein Kritiker. „Und immer wieder eingestreut Bekenntnisse zur fundamentalistischen Bibelauslegung."

„Regieanweisung eines Horrorfilms?" fragt sich auch der Theologe Gregor Tischler angesichts solcher Passagen aus der Johannes-Apokalypse: *Aus dem Rauch kamen Heuschrecken über die Erde, und ihnen wurde Kraft gegeben, wie sie Skorpione auf der Erde haben. Es wurde ihnen gesagt, sie sollten dem Gras auf der Erde, den grünen Pflanzen und den Bäumen keinen Schaden zufügen, sondern nur den Menschen, die das Siegel Gottes nicht auf der Stirn haben. Es wurde ihnen befohlen, die Menschen nicht zu töten, sondern nur zu quälen, fünf Monate lang. Und der Schmerz, den sie zufügen, ist so stark, wie wenn ein Skorpion einen Menschen sticht.* (Offb. 9, 3-5) „Ja, so geht es zu, in einem fort", kommentiert Tischler: „Vom Himmel geschickte Naturkatastrophen, blutige Kämpfe, fürchterliche Leiden, Untergang und Zerstörung – und himmlischer Jubel darüber. Nicht genug damit, es wimmelt in dieser Schrift nur so von seltsamen Gegenständen und rätselhaften Ereignissen. Merkwürdige Zahlenangaben verwirren noch mehr – Wen wundert es da noch, dass Sekten aller Schattierungen ihre helle Freude an dieser Schrift haben?" Möglicherweise zu Unrecht. Denn: „Wie schon bei den Propheten, im Judentum und bei Jesus dienen die Angaben über eine nahe bevorstehende Parusie (griech. „Anwesenheit"; die Wiederkehr Christi beim Jüngsten Gericht) und ein baldiges Gericht dem Ziel, zur ständigen Bereitschaft zu ermahnen und die Hoffnung auf das rettende Kommen Christi und die Gemeinschaft mit Gott zu festigen", erklärt der emeritierte Professor für Neues Testament an der Universität Wien, Jacob Kremer:

Es widerspricht also völlig der Aussageabsicht der biblischen Verfasser, aus den biblischen Angaben einen genauen Zeitpunkt zu errechnen, wie es manche – nach allerdings dürftigen Quellen – vor dem Jahr 1000 versuchten und unter Bezug auf die symbolischen Aussagen über ein tausendjähriges Reich auf eine unmittelbar bevorstehende Parusie schlossen.

Noch weniger ist es heute zulässig, fasziniert durch die Jahreszahl 2000, Ängste oder falsche Hoffnungen zu wecken. Wer die Bibel als Wort Gottes ernst nimmt, muss jede sich auf sie berufende Terminberechnung, wie sie einzelne Sekten vornehmen, als groben Irrtum entlarven. Die Bibel bietet diesbezüglich einfach keine Zeitangaben.

Das gilt auch für die mehrfach als „Vorzeichen" angeführten Kriege, Hungersnöte und Naturkatastrophen beziehungsweise die Angaben über einen vorher auftretenden „Antichristen". Diese entsprechen ganz den Vorstellungen der apokalyptischen Literatur und dienen einzig dazu, die Leser eindringlich zur Wachsamkeit aufzurufen und zum geduldigen Ausharren in den Mühsalen des Lebens zu ermutigen. (Kremer, 1999)

Johannes, der die Offenbarung nach eigenen Angaben auf der Insel Patmos schrieb, lebte gegen Ende des ersten Jahrhunderts wohl als Verbannter dort – verfolgt vom römischen Kaiser Domitian, der gottgleiche Verehrung für sich forderte, und frustriert von der schmerzhaften Trennung der Christen vom Judentum. Auch Gregor Tischler sieht hierin den Schlüssel zur Offenbarung des Johannes: „Sie ist ein – man möchte sagen: aus Verzweiflung geborener – Appell zum Durchhalten, eine Trost- und Rechtfertigungsschrift: Alle diese erlittenen und noch ausstehenden Verfolgungen sind nur Anzeichen dafür, dass das Ende naht und Gott seine Getreuen retten wird." Im Zug der Weltgeschichte sind solche Stationsschilder des Endzeitfahrplans menschlich betrachtet von nicht unbeträchtlichem Wert: Der radikal Bedrängte muss nur noch die Tage und Stunden bis zum befreienden Ende zählen. Darüber hinaus hilft der Glaube an den zukünftigen Richter, Rachebedürfnisse nicht unmittelbar zu befriedigen, sondern produktiv mit ihnen umzugehen und sie zu sublimieren.

Auch die anderen biblischen Propheten, wie Jesaja, Daniel oder Joel, übten sich nicht eigentlich in der Zukunftsvorhersage, sondern in der Ansprache und Mahnung an ihre Zeitgenossen. „Solche Prophetie", meinte etwa der bedeutende katholische Theologe Karl Rahner, „will uns warnen vor dem utopischen Unternehmen, das Reich des Glücks und der allgemeinen Seligkeit auf Erden verwirklichen zu wollen. Darum verkünden sie uns immer wieder eine dunkle Zukunft." Heutige Exegeten des Armageddon sollten sich lieber ein anderes Bibel-Wort vergegenwärtigen: „Doch jenen Tag und jene Stunde kennt niemand. Auch nicht die Engel im Himmel, nicht einmal der Sohn, sondern nur der Vater." (Mk 13,32)

Mithin also auch nicht Michael Drosnin. Der US-Journalist halluziniert folgende Zeitschiene: Der Dritte Weltkrieg beginnt im Jahr 2000. Vielleicht auch erst 2006. Ausgelöst wird er durch einen atomaren Terror-Anschlag auf Jerusalem. Zur völligen Zerstörung der Erde kommt es 2010. Dann nämlich wird ein gigantischer Komet mit unserem blauen Planeten kollidieren.

Wo das steht? In der Bibel. Das jedenfalls behauptet Drosnin. Natürlich finden sich im Buch der Bücher keine Wörter wie „Weltkrieg", „Atombombe" oder „Terrorismus". Zumindest nicht im Klartext. Für Drosnin kein Problem. „Die Bibel ist nicht bloß ein Buch, sondern auch ein Computer-Programm", schreibt der ehemalige *Washington Post*-Mitarbeiter in seinem Bestseller *Der Bibel-Code*: „Erst in Stein geritzt, dann handschriftlich auf Pergamentrollen festgehalten und schließlich in Buchform gedruckt, wartete sie auf die Erfindung des Computers. Nun sind wir in der Lage, sie so zu lesen, wie es immer beabsichtigt war."

Kennedys Ermordung wie Clintons Präsidentschaft, die Mondlandung wie das verheerende Erdbeben im japanischen Kobe, die Nahost-Kriege wie das Attentat auf Jizchak Rabin samt dem Namen des Täters – all das und noch viel mehr hat Drosnin der Heiligen Schrift abgerungen: „Sie ist wie ein riesiges Kreuzworträtsel aufgebaut und von Anfang bis Ende in Worten codiert, die eine verborgene Botschaft enthalten." Nicht nur die *Bild*-Zeitung zeigte sich begeistert: „Jedes große Ereignis steht im Buch der Bücher!" titelte das Massenblatt balkendick. Wirklich?

„Ist es glaubhaft, dass Gott 3000 Jahre lang codiert mit seinem Volk gesprochen hat und erst der Computer und Herr Drosnin kommen mussten, um herauszufinden, was eigentlich gemeint war?" kommentiert die *Deutsche Bibelgesellschaft* eher verhalten Drosnins Vexierspiel. Das

Nachrichtenmagazin *Der Spiegel* wurde deutlicher: „Das Ende ist nahe? Zumindest das Ende der Vernunft."

So scheint es in der Tat. Zwar hat Michael Drosnin durchaus Recht: Es gibt den Bibel-Code – „seinen, meinen, irgendeinen. Jeder kann ihn sich so zurechtbasteln, wie er möchte. Zurückschauend, voraussagend, nichtssagend", analysiert der Schweizer Historiker und Papyrologe Carsten Peter Thiede. Das Spiel „Wir basteln uns einen Bibel-Code" funktioniert bei Drosnin wie folgt:

Der geschäftstüchtige Journalist gab erst einmal die 304.805 hebräischen Buchstaben, aus denen die ersten fünf Bücher des Alten Testaments (Pentateuch) bestehen, fortlaufend ohne Zwischenräume und Satzzeichen in den Computer ein. Dabei ist zu bemerken, dass es im Hebräischen keine Vokale gibt. Das bedeutet, dass dort die Silben mehrdeutig sind und außerdem die Wörter kürzer – auf diese Weise sind die Chancen, auf sinnvolle Codierungen zu stoßen, ungleich größer als im Englischen oder im Deutschen. Dann fütterte Drosnin das Gerät mit einem Stichwort, das es aus dieser Textmasse herausfinden sollte. Zum Beispiel den Namen des 1995 ermordeten israelischen Ministerpräsidenten Jizchak Rabin. Zusammenhängend und als solchen findet der Computer diesen natürlich nicht. Er entdeckt das Gesuchte erst, wenn er jeweils einen oder zwei oder fünf oder 20 oder 1000 Buchstaben überspringt und den jeweils zweiten oder dritten oder zehnten oder 1001. Buchstaben aneinanderreiht. Im Fall von Jizchak Rabin muss man nur jeweils 4772 Buchstaben überspringen, und dann hat man den Namen.

„Um es direkt zu sagen", erklärt Thiede in seiner Arbeit *Bibelcode und Bibelwort*, „dieser Bibel-Code ergibt stets genau das, was der Suchende in ihm finden möchte. Wenn ich eine Jahreszahl brauche, finde ich sie. Wenn ich zu einem bestimmten Namen weitere Namen oder Begriffe brauche, finde ich sie." Als sein Buch auf den Markt kam, gab Drosnin der US-Zeitschrift *Newsweek* zu Protokoll: „Wenn meine Kritiker eine verschlüsselte Nachricht über die Ermordung eines Premierministers in dem Roman *Moby Dick* finden, glaube ich ihnen." Also machte sich der australische Mathematiker Brendan McKay sich ans Werk. Ohne große Mühe fand er im englischen Text von *Moby Dick* die Morde an Indira Gandhi, Leo Trotzki, Martin Luther King und John F. Kennedy. Auch Rabins Tod und der Unfall von Prinzessin Diana in Paris kündigen sich in dem Wal-Roman an. Kurios: McKay „enthüllte" auch die Umstände des Ablebens von *Bibel-Code*-Autor Michael Drosnin. In unmittelbarer Nachbarschaft entdeckte er die Begriffe „MDrosnin",

„nail" (Nagel), „killed". Und das nahe stehende Wort „liar" (Lügner) sage uns, was wir von Drosnins Werk zu halten haben.

Übrigens hatte Drosnin für den 13. September 1996 den „atomaren Holocaust" für Israel aus seinem *Bibel-Code* herausgelesen. Als nichts geschah, sei er „erleichtert, aber auch ratlos" gewesen. Leider nicht lange. Seine Erklärung: „Die Antwort scheint darin zu liegen, dass es in der Zukunft nicht nur diese eine, sondern viele Möglichkeiten gibt. Wir bestimmen den Verlauf der Ereignisse nach unserem Willen. Insofern stehen wir dort, wo wir uns schon immer befunden haben." Aha. Und so scheint Kritiker Carsten Peter Thiede absolut richtig zu liegen, wenn er nach Drosnins Methode die Botschaft „Der Code hält dumm" aus der Bibel extrahiert.

Was aber macht die Endspiele von fundamentalistischen Gläubigen, sendungsbewussten Hobby-Pessimisten und zynischen Katastrophenfreunden für viele Menschen so attraktiv? Der evangelische Theologe und ehemalige Leiter der *Evangelischen Zentralstelle für Weltanschauungsfragen* (EZW), Michael Nüchtern, nennt vier Gründe:

1. Die moderne Kultur und Zivilisation wird als sehr unsicher erlebt. Dass Zukunft automatisch Verbesserung bringt, glauben nur wenige. Der die ganze Neuzeit bestimmende Zusammenhang vom Fortschritt und Hoffnung ist ins Wanken geraten. Der Gedanke, was sein wird im Jahr 2023, ist angesichts von Ozonloch, Ökokrise, Trinkwassermangel und Weltbevölkerungswachstum eher mit Angst besetzt. Wir leben, heißt es, nach der Prognose des Schlimmsten, aber vor dem Eintritt des Schlimmsten. An allen Ecken drohen Enden: Vorbei mit Nationalstaat, Sozialstaat und Arbeitsgesellschaft und nicht zuletzt mit der D-Mark, der Metapher einer zu Ende gehenden Heilsgeschichte.

2. Weltuntergangsbilder entsprechen darüber hinaus in unheimlicher Weise unserem Gefühl von Zeit. Das Ende der Zeit verkürzt die Gegenwart. Apokalypse bedeutet, keine Zeit mehr zu haben. Genau dies Gefühl ist allgemein geworden. „Streß" ist in der Umgangssprache zur Bezeichnung für das von Verständnisgarantie begleitete Gefühl geworden, gehetzt zu sein oder zu werden und unter einem Zeitdruck zu stehen. Weltuntergangsgefühle sind Ausdruck und Begründung von Hetze total. Dafür, dass Zeit endet, knapp und bald gar nicht mehr vorhanden ist. Die immer kürzer werdenden Halbwertszeiten von Wissen, Gebrauchsgegenständen und menschlichen Beziehungen lassen „Gegenwart" immer mehr schrumpfen. Die Erfahrung, dass nichts bleibt und alles veraltet, ist allgemein. Wo soviel Untergang erlebt wird, bekommt die

These, dass bald alles untergehen wird, etwas zutiefst Plausibles. Ist das kosmische Endspiel doch nur die Verdichtung und Steigerung dessen, was man tagtäglich im Kleinen so und so erlebt: Untergang.

3. So fremd die apokalyptischen Bilder im Einzelnen sein mögen, so ist ihre Leistung für das seelische Erleben nicht zu übersehen. Das Wissen um den bevorstehenden Untergang kann Angst machen, aber auch ein Elitegefühl vermitteln: Ich weiß etwas, was Du nicht weißt. Während die Masse bewusstlos dahinlebt, kennt der Endzeitprophet das geheime Gesetz, das hinter allem steckt. Er kann die Zeichen der Zeit deuten. Das hebt das schwer zu ertragende Unsicherheitsgefühl auf. Die Verführung des apokalyptischen Denkens beruht auf seinem fundamentalistischen Charme, den klaren Fronten und der Vereindeutigung des Komplizierten. Die neue Übersichtlichkeit, die die Weltuntergangsstimmung schafft, wird in dem Maße attraktiv, in dem Zeitgenossen unter der Undurchschaubarkeit gesellschaftlicher und politischer Verhältnisse wie unter der eigenen Bedeutungslosigkeit in ihnen leiden. Endzeitpropheten bringen die verwirrende Vielfalt der Wirklichkeit auf einen Begriff. Das Endspiel formatiert unterschiedliche Erfahrungen auf ein gemeinsames Muster, Krieg der Kulturen etwa oder Umweltzerstörung. Widersinniges, Unsinniges und Undurchsichtiges bekommt plötzlich einen Sinn. Einen schwarzen zwar, aber der scheint manchen immer noch besser als keiner.

4. Apokalyptik kommt aus der Erfahrung des Fremdseins in der Welt und weist einen Weg aus dieser bedrückenden Spannung. Sekten, zu deren Wesensmerkmal die Differenz zur sie umgebenden Kultur gehört, sind und waren darum nicht zufällig – unabhängig von der Jahrtausendwende – apokalyptisch ausgerichtet. Dualismus und Apokalyptik sind Geschwister. Randständigkeit und Desintegration können aber auch apokalyptische Aggressivität hervorrufen. Es ist auffällig, dass gerade diejenigen Gruppen, die in der letzten Zeit durch Massenselbsttötungen und Tötungen eine schreckliche Berühmtheit erlangt haben, auf ein nahendes Ende der Welt ausgerichtet waren: die kalifornische Gruppe Heaven's Gate *ebenso wie die Davidianer und die Sonnentemplersekte. Apokalyptik war dort sehr eindeutig mit der Ablehnung „dieser Welt" verbunden; man muss sich radikal von ihr zurückziehen. Die radikalste Form der Absonderung von dieser Welt ist der Tod – Endspiele sind in unserem Bewusstsein tief verankert. Die Jahrtausendwende erfindet sie nicht, sondern findet sie höchstens vor. Reale Gefahren und Risiken aufnehmend, ordnen Endspiele die verwirrende Vielfalt der Wirklichkeit*

*zu einer Gesamtschau. Sie werden Ausdruck einer Erfahrung von Rand-
ständigkeit oder elitärem Differenzbewusstsein und Verdichtung einer
rasanten Beschleunigungs- und Veralterungserfahrung.* (Nüchtern,
1998)

Der bekannte Trendforscher Matthias Horx (*Das Zukunfts-Manifest –
Aufbruch aus der Jammerkultur*) beklagt aus soziologischer Sicht gar
eine generelle „Inflation" von Unheilsprognosen in Deutschland. Nicht
erst an der Schwelle zum neuen Jahrtausend habe die Generation der
„Achtundsechziger" und ihrer Nachfolger „einen Beruf daraus gemacht,
apokalyptisch zu warnen", will der 44jährige festgestellt haben. Das
allgemeine „Wehklagen und Sich-Ängstigen" sei in der Bundesrepublik
zu einem Ritual entwickelt worden. Der professionelle Spökenkieker
attestiert den Deutschen vor allem mangelnde Anpassungsbereitschaft an
gesellschaftliche Veränderungen. Das liege in ihrer historischen Erfahrung begründet, wonach jeder Anpassungsprozess mit einer Katastrophe
ende. Daraus sei eine „Sicherheits-Obsession" gewachsen – ein Verhal-
tensmuster, das sich nur mühsam und über Generationen verändern
lasse.

Und anders als in den achtziger Jahren, als apokalyptische Ängste
auf dem realen Hintergrund des Ost-West-Konfliktes oder einer Katastrophe wie Tschernobyl aufbrachen, verspüren die Menschen der späten
Neunziger eine eher diffuse und vage Furcht, die auf konkrete Ereignisse wie die totale Sonnenfinsternis oder die Jahrtausendwende übertragen wird. An den drei Nullen macht sich fest, was sich individuell und
kollektiv an Enttäuschungen angesammelt hat, was an Hoffnungen uner-
füllt geblieben ist – wenn auch das dritte Jahrtausend rein kalendarisch
erst am 1. Januar 2001 anbricht.

„Man bestellt Nostradamus zum Mann des Jahrtausend, weil die von
ihm beackerte Thematik Saison hat", folgert Stephan Rudas, Leiter des
österreichischen Instituts für psychosoziale Forschung. „Wir sind ge-
wissheitshungrig, vom Vogelflug bis zur Bevölkerungsstatistik. Die
Angebote können rational oder irrational sein. Gegenwärtig haben wir
ein gedrängtes Nebeneinander von beiden." Und mitten in diesem Ge-
dränge verschafft sich Nostradamus immer wieder eine respektable Position. Wieso eigentlich? „Nostradamus gibt Rätsel auf, die immer wieder neu gelöst werden können", analysiert Steffen Rink in seinem *Stichwort Nostradamus* den unsterblichen Mythos des Renaissance-Himmels-
stürmers. Im Gegensatz zu heutigen Tournee- und Medienastrologen
fallen nicht eingetretene Vorhersagen nie auf Nostradamus zurück, son-

dern immer auf seine Interpreten. Der Prophet selbst bleibt unangreifbar. Rink: „Nimmt man die Rätsel und ungelösten Fragen hinzu, die sich um Leben und Werk von Nostradamus ranken, und bedenkt man die stets geäußerte Vermutung, dass hinter dem Sichtbaren ein derzeit noch unzugängliches Wissen über die Wirklichkeit liegt, erklärt sich die Faszination des Sehers bis in die heutige Zeit: Man steht an der Grenze zu geheimem Wissen, darf einen Blick in die Zukunft wagen und ist doch nicht darauf angewiesen, alles für wahr halten zu müssen." In der Tat: „Was haben die Prophezeiungen von Nostradamus bewirkt?", fragt sich ganz konkret der Schweizer Sekten-Experte Hugo Stamm. „Ließen sich die Menschen zu einer Umkehr oder Verhaltensänderung bewegen? Wurden Nostradamus' Warnungen benutzt, Kriege oder Umweltkatastrophen zu vermeiden? Wohl kaum. Die Verehrung und mystische Verklärung drohen zum Selbstzweck zu werden, in dem die 'Gläubigen' die eigenen, nach außen projizierten Wünsche und Sehnsüchte kultivieren." (Stamm, 1998)

Um 1520 konnten Lesekundige in deutschen Landen unter fast 150 Endzeit-Pamphleten wählen; zum Jahreswechsel 1999/2000 waren es mehr als doppelt so viele – Anekdoten für eine Epoche, die nicht mehr voraussagen kann, weil sie nicht mehr weiß, wo die Zukunft liegt. Kein Wunder, dass ausgerechnet Nostradamus zur Kultfigur auch des dritten Jahrtausends mutiert – und nicht etwa der „unbekannte Soldat", wie Psychiater Stephan Rudas sich wünscht. Denn der Mann aus dem 16. Jahrhundert sagt eben absolut nichts Konkretes, etwa über BSE, Ebola, Gen-Technik, Kernspaltung, Ozonloch oder Ökokrise. Die Absicht der *Centurien* war nicht, ein gültiges Bild der realen Zukunft zu entwerfen. Vielmehr scheinen darin unterschiedliche sich bietende Möglichkeiten auf. Seine prophetischen Verse verheißen lediglich die Fortsetzung der Menschheitsgeschichte im Wandel und trotz aller Schrecknisse. Das unterscheidet ihn von der Vielzahl seiner weissagenden Kolleginnen und Kollegen. Im Grunde variiert Nostradamus den bekannten, vielsagenden Titel einer Studie des *Massachusetts Institue of Technology* aus dem Jahr 1986: „Die Zukunft ist nicht mehr das, was sie war."

Die Kenntnis der Zukunft ist „das vitalste und zugleich das am unmöglichsten zu befriedigende Bedürfnis", analysiert der Historiker Georges Minois. Ungezählte Menschen auf der ganzen Welt sehen das jedoch anders. In Deutschland lesen 38 Prozent der Bundesbürger regelmäßig ihr Horoskop. Jeder fünfte glaubt an die Weissagungen des

Nostradamus, und jeder achte Deutsche würde bei der Vorhersage eines nahen Weltuntergangs seine Stadt verlassen, will der private Fernsehsender *Kabel 1* im Herbst 1999 bei einer repräsentativen Umfrage herausgefunden haben. „Noch niemandem ist es gelungen, klipp und klar empirisch zu belegen, dass Vorahnungen nicht existieren", bricht die US-Journalistin Jane Goldman eine Lanze für die Orakel-Zunft. Das ist im Prinzip völlig richtig. Nur: Die Nicht-Existenz von etwas kann man grundsätzlich nicht beweisen. So kann zum Beispiel kein Wissenschaftler eindeutig nachweisen, dass es das Rumpelstilzchen oder den Pumuckl nicht gibt. Allerdings trägt in der Wissenschaft derjenige die Beweislast, der eine Behauptung aufstellt – und nicht etwa die Zweifler.

Die wissenschaftliche Parapsychologie untersucht das Problem des Vorauswissens zukünftiger Vorgänge unter dem Stichwort „Präkognition" und zählt diese neben Telepathie und Hellsehen zur „Außersinnlichen Wahrnehmung" (ASW). Unter Präkognition wird dabei das Vorauswissen eines zukünftigen Vorganges verstanden, für den erstens zum Zeitpunkt der Voraussage keine zureichenden Gründe bekannt sind, die ihn auf rational erschließbare Weise herbeiführen könnten, und der zweitens auch nicht als Folge des Vorauswissens eintreten darf. (Bauer, 1995)

Doch allen Spekulationen um den möglichen Mechanismus für ASW wie Quantenmodelle, Wurmlöcher oder Synchronizität zum Trotz: Nicht einmal die Existenz des Phänomens kann als unzweifelhaft nachgewiesen gelten. Die Ergebnisse der Präkognitionsforschung stellen sich mehr als mager dar: „Auf Prophetien ist kein Verlass", folgert Eberhard Bauer vom Freiburger Institut für Grenzgebiete der Psychologie und Psychohygiene. „Es gibt kein inneres Kriterium, mit dessen Hilfe die Richtigkeit einer prophetischen Aussage im Vorhinein zu erkennen wäre. In Einzelfällen mögen sich durchaus erstaunliche Übereinstimmungen zwischen Voraussagen und der späteren Erfüllungssituation abzeichnen; aber dies lässt sich immer erst hinterher feststellen."

Immer? Von der *Titanic* bis zum Absturz der *Egypt-Air*-Maschine Anfang November 1999 vor New York – bei jedem großen Schiffs-, Flugzeug- oder Zugunglück gab es kurz vorher Stornierungen von Passagieren, die plötzlich von einem unguten Gefühl beschlichen wurden. 1898 malte der Schriftsteller Morgan Robertson die Geschichte eines Luxusdampfers aus, der auf seiner Jungfernfahrt über den Atlantik mit einem Eisberg zusammenstößt und sinkt. 14 Jahre später ereilte just dieses Schicksal die *Titanic*. Auch der Journalist W.T. Stead und ein Mann namens William Klein sollen die Katastrophe vorhergesagt haben.

1966 untersuchte der Londoner Psychiater John Barker hunderte von Vorahnungen im Zusammenhang mit einem Grubenunglück im walisischen Aberfan, bei dem eine Schule unter Schlacke begraben wurde und 140 Menschen starben. 60 Visionen stufte Barker als echt ein. Darunter die der neunjährigen Eryl Mai, die einen Tag vor dem Desaster zu ihrer Mutter gesagt habe: „Ich träumte, dass ich zur Schule ging, doch es war keine Schule mehr da. Etwas Schwarzes hatte sich über sie gelegt." Skeptiker geben indes zu bedenken, dass es für Kinder nicht ungewöhnlich ist, mit der Schule verbundene Angstträume zu haben. Eine schwarze, das Schulhaus verschlingende Masse wäre ein plausibles Traumbild dafür. Die *Titanic* wiederum war nach einem revolutionären Konzept gebaut, so dass die Jungfernfahrt des angeblich unsinkbaren Dampfers ein Medienereignis ersten Ranges darstellte, das viele Menschen beschäftigte. Und nicht alle teilten den grenzenlosen Fortschrittsoptimismus der Konstrukteure. Als dann das Schlimmste tatsächlich eintrat, sah es so aus, als hätten sie das Unglück auf mysteriöse Weise vorhergesehen. (White, 1996)

Auch Todesträume gelten zu Unrecht als der große Kronzeuge für übersinnliche Wahrnehmungen, führen die beiden Statistik-Professoren Walter Krämer und Götz Trenkler in ihrem *Lexikon der populären Irrtümer* aus:

Jemand träumt, dass jemand anderes stirbt – und der andere stirbt: „Einer meiner Bekannten sieht und erlebt im Traum den plötzlichen und gewaltsamen Tod eines Freundes, mit charakteristischen Merkmalen", schreibt etwa Carl Gustav Jung. „Der Träumer befindet sich in Europa und sein Freund in Amerika. Ein Telegramm am nächsten Morgen bestätigt den Tod, und ein Brief zehn Tage später die Einzelheiten. "

Solche Ereignisse seien derart unwahrscheinlich, so Jung, dass der Zufall als Erklärung ausscheide und man nach anderen Ursachen suchen müsse – So soll etwa der französische Psychologe Dariex errechnet haben, dass die Wahrscheinlichkeit einer „telepathischen" Todeswahrnehmung nur eins zu vier Millionen betrage, woraus Jung dann schließt, dass „die Erklärung eines derartigen Falles als Zufall mehr als viermillionenmal unwahrscheinlicher ist als die „telepathische" beziehungsweise die akausale Koinzidenz.

Dieses Argument ist falsch. Selbst wenn wir die Dariexsche Wahrscheinlichkeit einmal gelten lassen, und uns auch an ihrer seltsamen Behandlung durch Jung nicht weiter stören – diese Zahl ist kein Beweis für Telepathie. Im Gegenteil. Wenn wir die eins zu vier Millionen einmal so interpretieren, dass ein Todesfall unter vier Millionen von jemand anderem geträumt wird, so können wir bei 900.000 Todesfällen jedes Jahr in Deutschland alle vier bis fünf Jahre mit einer solchen wundersamen Ahnung rechnen.

Vermutlich gibt es aber „wahre" Todesträume noch viel öfter. Wenn wir einmal sehr vorsichtig schätzen, dass jeder Bundesbürger im Durchschnitt einmal im Leben vom Tod eines anderen, ihm bekannten Menschen träumt, kommen bei 80 Millionen Menschen in Deutschland pro Nacht mehr als 2000 Todesträume vor – ungefähr so viele wie tatsächlich Menschen sterben. Wenn wir weiter einmal unterstellen, die Opfer in den Todesträumen wären zufällig unter allen Bundesbürgern ausgewählt, so beträgt die Wahrscheinlichkeit rund acht Prozent, dass mindestens ein Todesfall eines bestimmten Tages in der Nacht zuvor von jemand anderem geträumt wird, was pro Jahr an durchschnittlich 30 Tagen zu einer wahren Todesahnung führt.

Diese Todesahnungen sind ein lupenreines Produkt des Zufalls und haben mit übersinnlichen Wahrnehmungen oder mit irgendeiner Vorsehung nicht das Mindeste zu tun. Sie sind so häufig oder selten wie zweiköpfige Kälber, Tod durch Blitzschlag oder Schnee im Juni – in einem konkreten Einzelfall sehr unwahrscheinlich, aber irgendwann und irgendwo mit Sicherheit zu finden. Wenn wir zusätzlich noch erlauben, dass Menschen vielleicht mehr als einmal in ihrem Leben Todesträume haben, oder dass Menschen in Lebensgefahr öfter in den Todesträumen ihrer Mitmenschen auftreten als andere, und wenn wir auch solche Todesträume mitzählen, deren „Opfer" erst binnen einer Woche oder eines Monats nach dem Traum versterben, so werden wahre Todesträume nochmals häufiger; sie werden sozusagen fast alltäglich, so selten wie Regen im April. (Götz/Trenkler, 1996)

In einem Punkt sind sich freilich Wissenschaftler mit volkstümlichen Waldpropheten und geschäftstüchtigen Star-Fernsehern völlig einig: Die Welt wird untergehen. Die Frage ist nur: wann? Amerikanische Nuklear-Experten stellten 1998 ihre symbolische „Weltuntergangs-Uhr" auf 14 Minuten vor zwölf. Der Grund seien ethnische Unruhen, wachsender Nationalismus, Terrorismus und die Verbreitung von Waffen. Seit dem Zerfall der UdSSR hatte die Uhr auf 17 Minuten vor zwölf gestanden. Das war die optimistischste Einschätzung seit der Premiere der so genannten Doomsday Uhr im Jahr 1947 gewesen. Damals stand der Zeiger auf sieben Minuten vor zwölf. Nach der Explosion der ersten sowjetischen Atombombe 1949 und auf dem Höhepunkt des Wettrüstens Mitte

der achtziger Jahre waren es sogar nur noch drei Minuten gewesen. Die Astronomen des Hubble-Teleskops dagegen sehen den Weltuntergang erst in fünf Milliarden Jahren. Dann habe die Sonne das 200-fache ihres heutigen Umfangs erreicht und werde unseren Planeten einfach einsaugen. Bis dahin allerdings wird der bekannteste Endzeit-Witz einen für uns heute unvorstellbar langen Bart haben: Ein Planet trifft den anderen und zeigt sich besorgt ob dessen schlechten Aussehens. „Ich habe mir den Homo sapiens eingefangen", erklärt mit einem tiefen Seufzer die Erde. Darauf der erste: „Denk dir nichts, das geht auch wieder vorbei."
Oder, wie der große Nostradamus es formuliert:

Grausam wird die Rache der Macht aus dem Süden.

Und wenn die Rache endet nach Flammen und Rauch,

sieht es niemand mehr durch klare Augen.

Türen werden sich öffnen, aber andere begrüßen das Ende der Zeit.

Das jedenfalls liest man in Vers 66 der XIV. Centurie. Wo bitte? Sorry, dieser Vierzeiler ist natürlich frei erfunden, und zwar von dem ehemaligen *Pardon*-Redakteur Norbert Golluch. In seinem Buch *Fastfood im Cyberspace* dichtet er sich noch weitere „Nostradamus-Verse" zusammen. Zum Beispiel:

Rote Sonnen werden den Tag wärmen,

und alle werden satt sein ohne Arbeit und ohne Kampf.

Der Dichter wird über dem Kämpfer sein,

und der Nichtsnutz über dem Dichter.

Oder:

Der Lenker der Welten wird sich offenbaren,

und alle werden befreit sein durch Feuer und Eis.

Niob spricht für alle guten Geistes

mit der Macht aus der Tiefe. (Golluch, 2000)

Was Golluch damit den Nostradamus-Fans sagen will? Ganz einfach: „Wechseln Sie besser zu den Zweiflern über, die zur Rettung der Zeitläufe und ihrer Fortführung anführen, wie hochgradig unpräzise Propheten sind."

Kurz-Biografie:

1503	Michel de Notredame wird am 14. Dezember, zur Mittagszeit, im südfranzösischen Saint-Rémy-de-Provence geboren. Sein Vater ist der Notar Jaume de Notredame, seine Mutter heißt Reyniere. Die Angaben über die Zahl seiner Geschwister schwankt je nach Biograf zwischen vier und 18. Sicher nachweisbar ist nur die Existenz von vier Brüdern: Bertrand, Jehan, Hector und Antoine.
1519	Michel verlässt das elterliche Haus und zieht nach Avignon, wo er auf der „Höheren Schule" das Trivium (Grammatik, Rhetorik und Logik), eine Art Abitur, ablegt.
1522	Michel beginnt sein Medizin-Studium an der Universität von Montpellier.
1525	Michel erwirbt die Lizenz, als Arzt zu praktizieren. Die recht kurz anmutende Studienzeit von drei Jahren ist zu jener Zeit üblich und lässt daher nicht zwingend Rückschlüsse auf eine besondere Genialität des jungen Absolventen zu.
1525-28	In Südfrankreich bricht die Pest aus. Michel de Notredame bekämpft die Seuche unter anderem in Narbonne, Toulouse, Carcassone und Bordeaux.
1529	Am 23. Oktober schreibt sich Michel wieder an der Universität zu Montpellier ein. Wenig später besteht er die Prüfung zum Doktor der Medizin. Michel latinisiert seinen Nachnamen zu Nostradamus.
1530-32	Nostradamus bleibt als Assistenzarzt an der Uni Montpellier.
1532-34	Nostradamus praktiziert als Arzt in Bordeaux und Toulouse.
1534	Auf Einladung des berühmten Gelehrten Julius Cäsar Scalinger lässt sich Nostradamus in Agen-de-Provence nieder, wo er heiratet und zwei Kinder zeugt.
1538	Frau und Kinder sterben an Pest oder Diphterie. Nostradamus überwirft sich mit Scalinger. Als die Inquisition auf ihn aufmerksam wird, verlässt er die Stadt.

1538-46	Wanderjahre
1547	Nostradamus wird in Salon-de-Provence sesshaft, wo sein Bruder Bertrand als Stadthauptmann lebt. Er heiratet die junge Witwe Anne Ponsarde und eröffnet eine Arztpraxis. Aus der Ehe gehen sechs Kinder hervor.
1550	Nostradamus gibt seinen ersten astrologischen Jahres-Almanach (Almanach vom Jahre 1550, mit den Vorhersagen, Berechnungen und Erklärungen von Michel Nostradamus) heraus. Dieser gilt heute als verschollen. Sein erster erhaltener Jahres-Almanach ist der von 1553.
1555	Bei dem Verleger Macé Bonhomme in Lyon erscheinen die ersten 353 Verse der *Centurien*.
1556	Am 15. August trifft Nostradamus nach vierwöchiger Reise in Paris ein. Er folgt einer Einladung der Königin, Katharina von Medici, an den Hof. Dort erkrankt er schwer. Einige Biografen spekulieren über einen Giftanschlag eifersüchtiger Hof-Astrologen; Nostradamus' Sohn César berichtet, es habe sich um einen Gichtanfall gehandelt. Anfang Oktober kehrt Nostradamus nach Salon zurück.
	Die erste Ausgabe der *Centurien* wird in Avignon erneut veröffentlicht. Dieser Druck gilt jedoch als verschollen.
1557	Die zweite Auflage der *Centurien* erscheint im September bei dem Verleger Antoine du Rosne in Lyon. Sie enthält die Verse I, 1 bis VI, 40 sowie als Vorwort den Brief an Nostradamus' erstgeborenen Sohn César. Eine erweiterte Neuauflage mit den Quartains bis VII, 42 folgt schon zwei Monate später.
1558	Nostradamus verfasst die letzten drei *Centurien* mit jeweils 100 Quartains (die fehlenden 58 Vierzeiler der 7. Centurie bleiben ungeschrieben) und eine Epistel an seinen König, Heinrich II. von Frankreich. Sie werden von De Tournes in Lyon veröffentlicht.
1565	Katharina von Medici und ihr Sohn, König Karl IX., besuchen auf einer Rundreise durch Frankreich Nostradamus in Salon. Der noch unmündige, 14 Jahre alte Kindkönig ernennt Nostradamus in einer symbolischen Geste ehrenhalber zu seinem Leibarzt und Berater.
1566	Nostradamus stirbt in der Nacht vom 1. auf den 2. Juli, vermutlich an einer Nierenkrankheit. Sein Leichnam wird im

Franziskanerkloster von Salon beigesetzt. Die Grabstätte hatte er schon zu Lebzeiten erworben. Obwohl Nostradamus drei Söhne und drei Töchter zurücklässt, wird der Familienname im 17. Jahrhundert erlöschen.

1568   Der Drucker Benoist Rigaud bringt in Lyon die erste Gesamtausgabe der *Centurien* heraus. Eine aus dem Jahr 1566 datierende Ausgabe, die einem Pierre Rigaud zugeschrieben wird, ist eine spätere Fälschung. Pierre Rigaud war der Sohn von Benoist Rigaud und eröffnete erst 1601 einen eigenen Verlag.

1689   Die erste deutschsprachige Ausgabe der *Centurien* wird in Köln gedruckt.

1791   Während der Französischen Revolution brechen Soldaten Nostradamus' Grab auf. Die verblichenen Gebeine finden ihre letzte Ruhe in der Dominikanerkirche St. Laurent in Salon.

Kleine (unvollständige) Chronik der Weltuntergänge

156 n.Chr. Im kleinasiatischen Phrygien behauptet ein gewisser Montanus, die Inkarnation des Heiligen Geistes zu sein. Er verkündet mit zwei Mitprophetinnen, Priscilla und Maximilla, das Ende der Welt stehe bevor, und zwischen den Ortschaften Pepuza und Tymion werde das himmlische Jerusalem auf die Erde herabsinken; mit diesem Ereignis beginne das tausendjährige Reich. Die Bewegung der Montanisten wird ungeheuer populär. Nach dem Tod von Montanus und Priscilla fällt die Führung an Maximilla. Sie sagt voraus, dass sofort nach ihrem Tod Christus erscheinen werde. Als sie 179 das Zeitliche segnet und kein Heiland sich blicken läßt, bricht die Gruppe auseinander.

999 „Gegen Ende des Jahres 999 breitete sich in Europa so etwas wie eine Massenhysterie aus", kolportiert nicht nur das Esoterik-Fossil Charles Berlitz. „Was die Menschen auch taten – alles stand unter dem Eindruck des bevorstehenden Untergangs." Auslöser für die Panik sei das Bibel-Wort gewesen: „Wenn die tausend Jahre vollendet sind, wird der Satan losgelassen werden aus seinem Gefängnis." Doch nur wenige Zeitgenossen, darunter vor allem ein burgundischer Benediktiner-Mönch namens Rodulf Glaber, malen schwarz. Das gewöhnliche Volk im Jahr 999 besitzt gar keinen Kalender und zählt die Jahre nicht nach Christi Geburt, sondern seit der letzten Überschwemmung oder anderen einschneidenden Ereignissen. Die beliebte Vorstellung vom Schreckensjahr 999 gilt heute als historischer Mythos, als dessen Urheber der französische Aufklärer Jules Michelet (1798-1874) angesehen wird. Dieser wirft der Kirche vor, die Gläubigen absichtlich in Unwissenheit und Aberglauben zu halten, um sie beherr-

schen zu können. Seine Mär von der Weltuntergangsfurcht dient ihm und Gleichgesinnten als Propaganda-Material, mit dem sie Stimmung gegen die organisierte Religion machen.

1186   Der Astrologe Johannes von Toledo (der unter dem Pseudonym „der Astrologe Corumphiza" schreibt) verbreitet 1178 ein antimuslimisches Pamphlet, das den Weltuntergang für den Zeitpunkt ankündigt, wenn alle damals bekannten Planeten im Sternbild Waage stehen. Am 3. Oktober 1186 ist dies der Fall. Der Erzbischof von Canterbury ordnet besorgt ein dreitägiges Fasten an.

1260   Der kalabrische Abt und Einsiedler Joachim von Fiore kommt nach intensivem Studium der Johannes-Apokalypse zu einer neuen Zeitrechnung: Die Weltzeit ist nicht zweigeteilt (die Zeit vor Christi Erdenleben und die Zeit danach), sondern zerfällt in drei Epochen: in die des Vaters, des Sohnes und des Heiligen Geistes. Das erste Zeitalter begann mit Abraham und dauerte bis Christi Geburt. Es war die Zeit des Alten Testaments, des Gesetzes und der Propheten. Das zweite Zeitalter steht unter der Herrschaft des Neuen Testaments. Das dritte ist das des Heiligen Geistes, des „ewigen Evangeliums" aus der Offenbarung des Johannes. Nach Joachims Berechnungen sollte dies im Jahr 1260 anbrechen.

1420   Radikale antipapistische Reformer errichten in dem Ort Ústi in Südböhmen ihr „Tabor" – nach jenem Berg, auf dem Jesus über die Endzeit gesprochen und seine Wiederkehr angekündigt hatte. Die Taboriten, wie Historiker sie nennen, rufen das Jüngste Gericht für den 10. bis 14. Februar 1420 aus. Dann würden alle Städte und Dörfer von Feuer verzehrt werden. Als die vier Tage verstreichen, wird den Anhängern der Bewegung erklärt, Christus sei heimlich zurückgekehrt.

1524   Überall in Europa baut man Boote und Archen, um sich auf eine von vielen Astrologen angekündigte Sintflut vorzubereiten. Die dunkle Zuversicht der Sternseher beruht auf der Annahme, dass Merkur, Venus, Mars, Jupiter, Saturn und die Sonne im Sternbild der Fische (einem Wasserzeichen) kollidieren würden. Als es jedoch am Tag des Endes nur leicht nieselt, korrigieren die Astrologen ihre Prognose genau 100 Jahre in die Zukunft. In Deutschland kommen am vorhergesagten Termin dennoch viele Menschen ums Leben, da mancherorts aufgebrachte Bürger Amok laufen. Kurioserweise ist 1524 in die *Encyclopaedia Britannica* von 1878 als das „Jahr der großen Dürren" eingegangen.

Im Juli des gleichen Jahres setzt sich der evangelische Pfarrer Thomas Müntzer im thüringischen Mühlhausen an die Spitze des Bauernaufstandes, um Geburtshilfe für das anbrechende Reich Gottes zu leisten. Im Mai 1525 ist der Aufstand blutig niedergeschlagen, der Prediger wird hingerichtet.

1532   Der Bischof von Wien, Frederick Nausea, ist vom nahen Weltende überzeugt, als ihm verschiedene Berichte von seltsamen Ereignissen hinterbracht werden. So sollen blutige Kreuze und drei Sonnen am Himmel gesehen worden sein, außerdem ein achtjähriges Mädchen, aus deren Brüsten warmes Wasser fließe.

1533   Der Lochauer Prediger Michael Stifel berechnet mit Hilfe der Johannes-Offenbarung den genauen Termin des Weltuntergangs: den 19. Oktober 1533, um acht Uhr in der Früh. Als die neunte Stunde ohne größere Katastrophe verstreicht, erscheint der Landvogt Metsch im Auftrag des Kurfürsten Johann Friedrich und stellt Stifel unter Hausarrest. Außerdem verliert er unverzüglich seinen pastoralen Posten bei der Pfarrei Lochau (das heutige Annaburg bei Wittenberg).

In Holland predigt der ehemalige Kürschner Melchior Hoffmann aus Schwäbisch Hall zum fünfzehnhundertsten Todestag Christi dessen Wiederkehr. Straßburg im Elsass werde sich in das himmlische Jerusalem verwandeln. Als Hoffmann sich selbst in die „neue Stadt" aufmacht und dort kundtut, dass alle Ungläubigen niedergemacht werden müssen, wirft ihn der Straßburger Stadtrat ins Gefängnis.

1534   Im westfälischen Münster tauchen Anfang 1534 die beiden Propheten „Henoch" und „Elia" auf. Es handelt sich um die Holländer Jan Matthys (Ex-Bäcker) und Jan Bockelson (Ex-Schneider). Sie verkünden die Ankunft Gottes und errichten in der 10.000-Seelen-Stadt ein Schreckensregiment, das ihren Vorstellungen vom „Königreich Zion" entsprechen soll. Um die beiden charismatischen Wahnsinnigen sammeln sich die „Wiedertäufer", eine lose Ansammlung apokalyptischer Sekten im Kielwasser der Reformation. Als Matthys bei der Belagerung der Stadt durch die Streitkräfte des katholischen Bischofs getötet wird, proklamiert sich Bockelson zum Messias der Letzten Tage. Erst im Sommer 1535 fällt Münster bei einem Überraschungsangriff. Alle Führer der Wiedertäufer werden auf der Stelle hingerichtet.

1672 Der Pädagoge Johann Amos Comenius setzt den Termin für den Weltuntergang auf 1672 fest. Wie der Leidener Theologe Johannes Coccejus (1603-1669) und der Mystiker Jakob Böhme (1575-1624), beide ebenfalls Propheten der Apokalypse, ist auch Comenius aufgewühlt von den Schrecknissen des Dreißigjährigen Krieges.

1719 Der Schweizer Mathematiker Jacques Bernoulli entdeckt eine mathematische Reihe, die Bernoulli-Reihe, und sagt die Rückkehr eines im Jahre 1680 gesichteten Kometen für das Jahr 1719 voraus, der die Erde zerstören soll.

1761 Der Soldat William Bell lässt sich durch die Zeitspanne von 28 Tagen zwischen zwei Erdbeben anregen, das Ende der Welt auf wieder 28 Tage später festzulegen. Am 5. April verlassen zahlreiche Londoner in Angst und Schrecken ihre Häuser. Aber das Schicksal schlägt erst einen Tag später zu: Bell wird ins Irrenhaus gesteckt.

1843 Der amerikanische Baptisten-Prediger William Miller schließt aus den Zahlen der Bibel auf die zwölf Monate zwischen dem 21. März 1843 und dem 21. März 1844 als Armageddon-Termin. Danach setzt er auf den 22. Oktober 1844. Nach der neuerlichen Enttäuschung bleibt von seinen Anhängern nur ein kleiner Kern Aufrechter übrig, aus dem die Adventisten des Siebenten Tages hervorgehen.

1874 Die Zeugen Jehovas wurden 1872 ins Leben gerufen. Der Sektengründer Charles Taze Russel war überzeugt, genau zwei Jahre später werde die Welt untergehen. Als nichts passiert, verlegt er das Ende auf 1914, 1915, 1916, 1918 und dann auf 1975.

1881 Die englische Wahrsagerin Mother Shipton (Ursula Southiel) soll Mitte des 16. Jahrhunderts den Weltuntergang für das Jahr „eighteen hundred and eighty-one" vorausgesagt haben.

1960 Am Fuß des Montblanc warten die Mitglieder der Sekte des Bruder Emman vergeblich auf das Ende der Welt.

1980 Eine antike arabische Endzeit-Prophezeiung sieht das Ende der Welt gekommen, wenn sich die Planeten Jupiter und

Saturn bei 9 Grad, 29 Minuten treffen. Am 31. Dezember 1980, um Mitternacht, befand sich Jupiter auf 9 Grad, 24 Minuten und Saturn auf 9 Grad, 42 Minuten. Die amerikanische Hellseherin Jeane Dixon sieht einen riesigen Kometen auf der Erde einschlagen.

1993   Eine Splittergruppe der Siebenten-Tags-Adventisten, der „Zweig Davids" (Davidianer), erwartet die Ankunft Christi 1993 – genau 150 Jahre nach William Millers ursprünglichem Datum. Ihr Führer David Koresh zieht sich auf eine Ranch in Waco, Texas, zurück und isoliert seine Anhänger vom Rest der Welt. Als die US-Behörde zur Einhaltung der Waffengesetze das Anwesen durchsuchen will, schießen die Davidianer auf die Beamten. Am 28. Februar beginnt eine Belagerung, bei der 51 Tage später unter bis heute nicht genau geklärten Umständen die Farm abbrennt. 82 Davidianer sterben in den Flammen.

1996   Einige Bibel-„Experten" aus fundamentalistischen und charismatischen Kreisen sagen, dass ein Tag für Gott soviel bedeute wie 1000 Jahre für die Menschheit. Da Gott die Welt in sechs Tagen erschaffen hat, habe er gewollt, dass die Menschen 6000 Jahre lang arbeiten und dann „ruhen" sollen. Und diesen Ruhe-Tag legen sie mittels komplizierter mathematischer Verrenkungen auf 1996.

1999   „Im Jahr 1999, im siebten Monat, kommt vom Himmel ein großer Schreckenskönig", heißt es in dem berüchtigten Nostradamus-Vers X, 72.

2000   Am 8. Mai sind die sieben „Planeten" der Antike (Mond, Mars, Saturn, Jupiter, Sonne, Merkur, Venus) in den Sternbildern Widder und Stier aufgereiht zu sehen. Astrologen rechnen mit Orkanen und Überschwemmungen. Möglicherweise aber geht nur ihre Glaubwürdigkeit einmal mehr den Bach hinunter.

Literatur

Anonymus: „Im Jahre 1999 kommt der König des Terrors". In: Der Spiegel, Ausgabe 53/1981

Anonymus: Nostradamus. Der vollständige Text seiner Prophezeiungen. Gondrom-Verlag, Bindlach 1999

Anonymus: Nostradamus. Sein Leben, seine Visionen. Presseinformation des Ascot-Elite-Filmverleihs, München 1993

Anonymus: „Weg mit euch, ihr Astrologen". In: Der Spiegel, Ausgabe 53/1981

Kurt Allgeier: Die Prophezeiungen des Nostradamus. Heyne-Verlag, München 1991

Kurt Allgeier: Die Prophezeiungen des Nostradamus. Heyne-Verlag, München 1999

Pierre Brind'Amour: Les premières centuries où propheties (Edition Macé Bonhomme de 1555). Textes littéraires français. Librairie Droz, Genf 1996

Pierre Brind'Amour: Nostradamus astrophile: les astres et l'astrologie dans la vie et l'oeuvre de Nostradamus. Pr. de l'Univ. d'Ottawa, Ottawa 1993

Martin Bauer: Stichwort Jahrtausendwende. Heyne-Verlag, München 1998

Eberhard Bauer: Prophetie. In: Gerald L. Eberlein (Hrsg.): Kleines Lexikon der Parawissenschaften, Becksche Reihe, München 1995

Wolfgang Johannes Bekh: Das Ende der Welt. Visionen – Prophezeiungen – Wahrsagungen. Pattloch-Verlag, Augsburg 1998

P.J. Blumenthal: Nostradamus. Ein echter falscher Prophet? In: Abendzeitung vom 23. Juli 1999

Hans Bender: Der Nostradamus-Boom und die Kriegsprophezeiungen. In: Ders.: Umgang mit dem Okkulten, Aurum-Verlag, Freiburg 1984

Charles Berlitz: Weltuntergang 1999. Knaur-Verlag, München 1983

Stephan Berndt: Prophezeiungen zur Zukunft Europas. G. Reichel-Verlag, Weilersbach 1998

Manfred Böckl: Nostradamus – Der Prophet. Econ & List-Taschenbuch Verlag, München 1999

Bernhard Bouvier: Nostradamus. Ewert-Verlag, Gran Canaria 1996

J.H. Brennan: Nostradamus. Visionen der Zukunft. Heyne-Verlag, München 1994

Russel Chandler: Der Tag X. Endzeitpropheten und ihre Visionen. Hänssler-Verlag, Neuhausen-Stuttgart 1996

Manfred Dimde: Das Nostradamus-Jahrbuch 1999. Heyne-Verlag, München 1998

Manfred Dimde: Nostradamus-Jahrbuch 2000. Heyne-Verlag, München 1999

Rudolf Drößler: 2000 Jahre Weltuntergang. Himmelserscheinungen und Weltbilder in apokalyptischer Deutung. Echter-Verlag, Düsseldorf 1999

Georges Dumézil: Der schwarze Mönch in Varennes. Nostradamische Posse. Insel-Verlag, Frankfurt a.M./Leipzig 1999

Wolfram Eilenberger/Viktor Schubert: Nostradamus – Zukunftsbilder einer anderen Wirklichkeit. Ariston-Verlag, Genf/München 1992

Gregor Eisenhauer: Scharlatane. Zehn Fallstudien. Eichborn-Verlag, Frankfurt a.M. 1994

Ernst R. Ernst: Nostradamus. Vom Mythos zur Wahrheit. Hermann Böhlaus Nachf., Wien/Köln/Graz 1986

Max de Fontbrune: Was Nostradamus wirklich sagte. Ullstein-Verlag, Frankfurt a.M./Berlin 1991

Lia Franken: Wunder gibt es immer wieder. Berichte und Geschichten von rätselhaften und seltsamen Ereignissen. Scherz-Verlag, Bern/München/Wien 1998

Eberhard Fuchs: Nostradamus. Moewig-Verlag, Rastatt 1995

Hans Gasper/Friederike Valentin: Endzeitfieber. Apokalyptiker, Untergangspropheten, Endzeitsekten. Herder-Verlag, Freiburg 1997

Jane Goldman: Die wahren X-Akten. Das Buch der unerklärlichen Phänomene. vgs verlagsgesellschaft, Köln 1996

Norbert Golluch: Fastfood im Cyberspace. Ueberreuther-Verlag, Wien 2000

Elmar R. Gruber: Wann ist Weltuntergang? In: Esotera 1/1999

Elmar R. Gruber: Die Irrwege der Interpreten. In: Esotera 3/1999

Volker Guiard: Die seltsame Welt des Nostradamus-Deuters Manfred Dimde. In: Endzeittaumel, hrsg. von Michael Shermer, Benno Maidhof-Christig und Lee Traynor, Alibri Verlag, Aschaffenburg 1998

Friedrich-Wilhelm Haack: Psi/Parapsychologie. Münchner Reihe 1987, erschienen im Evangelischen Presseverband für Bayern

Reinhard Haller: Mühlhiasl. Vom Leben und Sterben des „Waldpropheten". Morsak-Verlag, Grafenau 1993

Stephan Handel: Schwarzer Tag für Propheten. In: Passauer Neue Presse vom 13. August 1999

Bernd Harder: X-Akten – gelöst. Die Enträtselung der „unheimlichen" Fälle. Alibri Verlag, Aschaffenburg 1999

Annette von Heinz/Frieder Kur: Propheten – Seher – Scharlatane. Das große Buch der Geheimwissenschaften. Sanssouci im Verlag Nagel & Kimche, Zürich 2000

Eckhard Henscheid/Gerhard Henschel/Brigitte Kronauer: Kulturgeschichte der Missverständnisse. Philipp Reclam jun.-Verlag, Stuttgart 1997

Arthur Herman: Propheten des Niedergangs. Der Endzeitmythos im westlichen Denken. Propyläen-Verlag, Berlin 1998

Franz-Josef Huainigg: Heiler und Prophet. Verlag „Die Silberschnur", Neuwied 1993

Reinhart Hummel: Neue Offenbarungen: Woher kommen sie, und was bedeuten sie? In: Materialdienst der Evangelischen Zentralstelle für Weltanschauungsfragen, Nr. 11/95

Rudolf Kippenhahn/Wolfram Knapp: Schwarze Sonne, roter Mond. Die Jahrhundertfinsternis. Deutsche Verlags-Anstalt, Stuttgart 1999

Günther Klein: Nostradamus – Gaukler des Himmels. In: Hans-Christian Huf (Hrsg.): Sphinx. Geheimnisse der Geschichte, Gustav Lübbe-Verlag, Bergisch-Gladbach 1999

Carl Graf von Klinckowstroem: Rund um Nostradamus. In: Zeitschrift für kritischen Okkultismus und Grenzfragen des Seelenlebens, Berlin 1927. Nachgedruckt in der Zeitschrift für Parapsychologie und Grenzgebiete der Psychologie, Jahrgang 26, Nr. 1/2/3/4, 1984, Aurum-Verlag Freiburg

Ulrich Körtner: Weltangst und Weltende. In: Materialdienst der Evangelischen Zentralstelle für Weltanschauungsfragen, Nr. 1/99

Walter Krämer/Götz Trenkler: Lexikon der populären Irrtümer. Eichborn-Verlag, Frankfurt a.M. 1996

Walter Krämer/Götz Trenkler: Das neue Lexikon der populären Irrtümer. Eichborn-Verlag, Frankfurt a.M. 1998

Jacob Kremer: Enthüllungen der Zukunft. Tod – Rettung – Weltgericht. Pustet-Verlag, Regensburg 1999

Klaus Krüger: Das Jüngste Gericht und die alltäglichen Katastrophen. In: Enno Bünz/Rainert Gries/Frank Möller: Der Tag X in der Geschichte. Erwartungen und Enttäuschungen seit Tausend Jahren, Deutsche Verlags-Anstalt, Stuttgart 1997

Richard Landes: Das apokalyptische Jahr 1000: Damals und heute. In: Der Skeptiker. Zeitschrift für Wissenschaft und kritisches Denken der Gesellschaft zur wissenschaftlichen Untersuchung von Parawissenschaften, Ausgabe 1-2/99

Andreas Langenbacher: Nostradamus. Kleine Methodologie des Wahrsagens. In: du. Die Zeitschrift der Kultur, Heft Nr. 692, Februar 1999

Tim Larimer: Tick, Tick, Tick... In: Time – The Weekly Newsmagazine, Nr. 5, Juli 1999 (Asien-Ausgabe)

Peter Lemesurier: Nostradamus. Seine Prophezeiungen bis 2050. Econ Taschenbuch Verlag, Düsseldorf 1996

Edgar Leoni: Nostradamus and his Prophecies. Random House Value Publishing Inc., New York 1999

Liberté E. LeVert: The Prophecies and Enigmas of Nostradamus. Firebell Books, Glen Rock 1979

Karl L. von Lichtenfels: Lexikon der Prophezeiungen. Herbig, München 2000

Hal Lindsey/Carole C. Carlson: Alter Planet Erde wohin? Im Vorfeld des Dritten Weltkriegs. Hermann-Schulte-Verlag, Wetzlar 1971

Sven Loerzer: Visionen und Prophezeiungen. Die berühmtesten Weissagungen der Weltgeschichte. Pattloch-Verlag, Augsburg 1990

Gérard Majax: Die Welt der Illusionen. Bastei-Verlag, Bergisch-Gladbach 1996

Uwe Mattheiss: Apokalypse leicht gemacht. In: Die Woche vom 13. November 1998

Judith Merkle-Riley: Die geheime Mission des Nostradamus. List-Verlag, München 1999

Georges Minois: Geschichte der Zukunft. Artemis & Winkler-Verlag, Düsseldorf/Zürich, 1998

John Mosley: Die Jahrtausendwende kommt! In: Endzeittaumel. Propheten. Prognosen. Propaganda, hrsg. von Michael Shermer, Benno

Maidhof-Christig und Lee Traynor. Alibri-Verlag, Aschaffenburg 1998

Hans Neusius: Nostradamus und seine okkulten Prophezeiungen. In: Hermann-Josef Beckers/Hubert Kohle (Hsg.): Kulte, Sekten, Religionen, Pattloch-Verlag, Augsburg 1994

Ray Nolan: Das Nostradamus-Testament. Langen-Müller-Verlag, München 1996

Ray Nolan: Die Siebte Offenbarung. Langen-Müller-Verlag, München 1998

Michael Nüchtern: Endzeitstimmung zur Jahrtausendwende? In: Materialdienst der Evangelischen Zentralstelle für Weltanschauungsfragen, Nr. 1/98

Irmgard Oepen u.a.: Lexikon der Parawissenschaften. Lit-Verlag, Münster 1999

Peter Orzechowski: Zum Jahr 2000: Prophezeiungen der großen Seher. Seehamer-Verlag, Weyarn 1999

Jean-Claude Pfändler: Nostradamus. Seine Prophezeiungen. Laredo-Verlag, Chieming 1997

Roger Prévost: Nostradamus. Le mythe et la réalité. Un historien au temps des astrologues. Editions Robert Laffont, Paris 1999

James Randi: The Mask of Nostradamus. Prometheus Books, Buffalo/New York 1990

Steffen Rink: Stichwort Nostradamus, Heyne-Verlag, München 1994

Hans-Jürgen Ruppert: Vom Sternenkult zum Computerhoroskop. Weltanschauliche Deutungsansätze in der Astrologie. EZW-Texte, Nr. 150/1999, der Evangelischen Zentralstelle für Weltanschauungsfragen

Frank Rainer Scheck: Nostradamus. dtv, München 1999

Detlev Schmalenberg: Das Ringen himmlischer Drachen. In: Kölner Stadt-Anzeiger vom 10. August 1999

Georg Otto Schmid: Nostradamus und die Sonnenfinsternis 1999. Text der Evangelischen Informationsstelle Kirchen – Sekten – Religionen, Februar 1999 (www.ref.ch/zh/infoksr)

Andreas Schneider: Das Vermächtnis des Nostradamus. dtv, München 1999

Anja Schreiber: Nur ein bisschen Apokalypse. In: Die Woche vom 16. Juli 1999

Roman Schweidlenka: Einige Notizen zum allgegenwärtigen Weltuntergang. In: Materialdienst der Evangelischen Zentralstelle für Weltanschauungsfragen, Nr. 8/99

Alphons Silbermann: Propheten des Untergangs. Das Geschäft mit den Ängsten. Gustav Lübbe-Verlag, Bergisch-Gladbach 1995

Skeptical Inquirer, Herbst 1982: Nostradamus Issue. Zeitschrift des Committee for the Scientific Investigation of Claims of the Paranormal (CSICOP), Buffalo 1982

Stephen Skinner: Nostradamus und andere bedeutende Seher der Welt. Bassermannsche Verlagsbuchhandlung, Niedernhausen 1998

Norbert Sommer (Hrsg.): Mythos Jahrtausendwechsel. Beiträge aus Wissenschaft, Religion und Gesellschaft. Wichern-Verlag, Berlin 1998

Hugo Stamm: Im Bann der Apokalypse. Pendo-Verlag, Zürich 1998

Matthias Stark: Astrologie und Sternenkunde. Veröffentlichung der Volkssternwarte „Erich Bär" im Auftrag des Astronomiefachausschusses Ostsachsen, Radeberg 1993

Helmut Swoboda: Propheten und Prognosen. Hellseher und Schwarzseher von Delphi bis zum Club of Rome. Droemer-Knaur-Verlag, München/Zürich 1979

Erwin Tanner: „Alarmstufe Rot!" für Uriellas Orden Fiat Lux. In: Joachim Finger (Hrsg): Vom Ende der Zeiten. Apokalyptische Visionen vor der Jahrtausendwende. Paulusverlag, Freiburg/Schweiz 1999

Carsten Peter Thiede: Bibelcode und Bibelwort. Brunnen-Verlag, Basel 1998

Damian Thompson: Das Ende der Zeiten. Apokalyptik und Jahrtausendwende. Claassen-Verlag, Hildesheim 1997

Gregor Tischler: Und Gott schrieb – So verstehen Sie die Bibel. Kösel-Verlag, München 1996

Alexander und Edith Tollmann: Das Weltenjahr geht zur Neige. Böhlau-Verlag, Wien 1998

Martin Tzschaschel: Die Zeiten sind schwer? Her mit den Hellsehern! In: PM, Heft 11/1991

Uriella und Icordo: Die Prophetie Gottes wird immer Realität! In: Forum Perspektiven. Informationen für Mitglieder von „Forum Parawissenschaften", Nr. 2/1999 (Langfassung im Internet unter www.forumparawissenschaften.de)

A. Voldben: Nach Nostradamus. Ullstein-Verlag, Frankfurt/Berlin 1996

Wulfing von Rohr: Nostradamus. Seher und Astrologe. Ariston-Verlag, Genf 1994

Michael White: Die Wissenschaft der Akte X. Heyne-Verlag, München 1996

Günther Wied: Prophetie im Spektrum von Theologie, Psychiatrie und Parapsychologie, LIT-Verlag, Münster 1999

Edgar Wunder: Astrologie. In: GWUP – Wir stellen uns vor. Zu beziehen bei der *Gesellschaft zur wissenschaftlichen Untersuchung von Parawissenschaften*, Arheilger Weg 11, 64380 Roßdorf, Telefon 06154/695021. Im Internet unter www.gwup.org

Edgar Wunder: Das endzeitliche Szenario der Fiat-Lux-Gruppe. In: Forum Perspektiven. Informationen für Mitglieder von „Forum Parawissenschaften", Nr. 1/1999 (Langfassung im Internet unter www.forum-parawissenschaften.de)

Frank M. Ziegler: „Warum erzählen Sie dann solche Sachen?" In: X-Mag Nr. 2/1999

Dieter Zimmerling: Lauter Weltuntergänge. Piper-Verlag, München 1998

Politisches Sachbuch

Bernd Harder
X-Akten - gelöst. Die Enträtselung der „unheimlichen Fälle"
191 Seiten, kartoniert, ISBN 3-932710-17-7, DM 28.-

Der Autor nimmt sich all der Fragen an, an denen die Akte X-Agenten bislang kläglich gescheitert sind. In 15 Kapiteln bietet er einen Wegweiser durch die Welt der Löffelbieger, Wünschelrutengänger und Verschwörungstheoretiker, der ebenso verständlich wie unterhaltsam „Anleitungen" zur Auflösung und Erklärung geheimnisvoller und unheimlicher Erscheinungen bietet.

Guido und Michael Grandt
Waldorf Connection. Rudolf Steiner und die Anthroposophen
2. Auflage, 365 Seiten, kartoniert, ISBN 3-932710-09-6, DM 36.-

Die Autoren vergleichen Anspruch und Wirklichkeit der Waldorf Connection. Sie dokumentieren die okkulten und rassistischen Anteile an der Weltanschauung Steiners, setzen sich ausführlich mit dem pädagogischen Konzept und dem Unterricht der Waldorfschulen auseinander und erörtern den Einfluss der Anschauungen des „Meisters". Nach einem ersten Prozess, angestrengt von einem von den Anthroposophen aufgebotenen „Experten", ist das Buch nun in leicht veränderter Fassung wieder lieferbar.

Colin Goldner
Dalai Lama – Fall eines Gottkönigs
455 Seiten, 40 Abbildungen, kartoniert, ISBN 3-932710-21-5, DM 39.-

Die erste kritische politische Biographie des Dalai Lama zeichnet das Leben des Gottkönigs von seiner „Entdeckung" über Inthronisation und Flucht aus Tibet bis hin zu seinem Aufstieg zum Medienstar und zur Kultfigur der Esoterikszene nach. Dabei werden bislang wenig bekannte Fakten zur buddhistischen Lehre und tibetischen Geschichte zutage gefördert: Die Lebensverhältnisse unter der Diktatur der „Gelbmützen"-Mönche waren erbärmlich, durch die Geschichte des Lamaismus zieht sich eine Blutspur, in den Klöstern werden vierjährige Jungen abwitzigen Übungen unterzogen, die tantrischen Rituale basieren auf einer tiefen Frauenfeindlichkeit...

Alibri Verlag

Postfach 100 361, 63703 Aschaffenburg, Fon/Fax 06021 - 581 734

Geschichte &
Erinnerung.
Wir haben die Bücher
zum Thema!

assoziation Linker Verlage

ag spak * Alibri Verlag * Atlantik Verlag * KomistA
Neuer ISP Verlag * PALETTE verlag * Schmetterling Verlag
Sozial Extra * Unrast Verlag

Aquilino Ribeiro: Deutschland 1920
Eine Reise von Protugal nach Berlin und Mecklenburg Vorpommern.
ISBN 3-326529-52-0, 192 Seiten, gebunden, DM 34.– (Atlantik)
Im Jahre 1920 reist der portugiesische Schriftsteller Aquilino Ribeiro
(1885-1963) in das von Weltkrieg und Revolution veränderte Deutschland. In seinen Reisenotizen wirft er einen schonungslosen, nie aber
erbarmungslosen Blick auf die deutsche Gesellschaft.

Hedy Epstein: Erinnern ist nicht genug. Autobiographie
ISBN 3-928300-86-5, 298 Seiten, gebunden, DM 39,80 (Unrast)
Ohne Schnörkel beschreibt die deutsche Jüdin Hedy Epstein ihre ersten
Lebensjahre in Nazi-Deutschland. Nach der Reichspogromnacht entschieden sich ihre Eltern schweren Herzens, sie mit einem Kindertrans-
port nach England zu schicken. Seitdem setzt sich Hedy ohne Kompro-
misse für die Menschenrechte anderer ein.

„Räder müssen rollen für den Sieg!"
Zwangsarbeit im „Dritten Reich". Hrsg. von der VVN-BdA Esslingen.
ISBN 3-89657-460-4, 182 Seiten, kartoniert, DM 26,80 (Unrast)
Über 50 Jahre lang wanden sich deutsche Politik und deutsche Industrie
um die Entschädigung der ehemaligen Zwangsarbeiter herum. Der Auf-
satzband zeichnet die Lebenssituation ausländischer ZwangsarbeiterIn-
nen anhand einer Fallstudie nach.

aLiVe, c/o Alibri Verlag, Postfach 100 361, 63703 Aschaffenburg